# THE SCORE OF THE GAME

# THE SCORE
## OF THE GAME

❖

*Tatiana Shcherbina*

❖

TRANSLATED FROM THE RUSSIAN
BY J KATES

ZEPHYR PRESS
Brookline, MA

Cover illustration by Ivan Kochkarev
Book design by *typeslowly*
Printed in Canada

Zephyr Press acknowledges with gratitude the financial support
of Charles Merrill and the Massachusetts Cultural Council.

MASSACHUSETTS CULTURAL COUNCIL

*Library of Congress Control Number:* 2003106451


07 06 05 04 03    98765432 FIRST EDITION

ZEPHYR PRESS
50 Kenwood Street
Brookline, MA 02446
www.zephyrpress.org

# Table of Contents

## Null Null

3   Foreword

4   О ПРЕДЕЛАХ / Concerning the Limits

6   МАЧЕХА / The Stepmother

10   НОЛЬ НОЛЬ / Null Null

20   ЖЕНСКИЙ ТЕАТР / Women's Theatre

26   ЭРОС ПОЭЗИС / Eros Poesis

30   НЕШОПЕНОВСКИЙ ЭТЮД / Unchopinesque Etude

32   Мой идеологический противник / My ideological antagonist

34   Так было тошно, что я что могла, то ломала / It was so nauseatingly sick, I broke whatever I could

36   Пуль не надо, сердце рвется само / No need for bullets, the heart explodes on its own

38   Линяя, выцветая всласть от частых стирок / Frequent, willing laundering has leached all color

40   ЗООМОРФНАЯ ЭЛЕГИЯ / Zoömorphic Elegy

44   Всегда в июле лето, всегда в июле зелень / Always summer in July, in July it's always green

46   ПАСХАЛЬНЫЙ КОАН / Easter Koan

50   КЛУБНИЧНАЯ ПЕНКА / Strawberry Froth

54   ПРЕ / Pre(ter)

58   САПФО И АЛКЕЙ / Sappho and Alcaeus

60 К ТЫСЯЧЕЛЕТИЮ КРЕЩЕНИЯ РУСИ /
The Thousandth Anniversary of the
Christianization of Rus

62 ПИСЬМО СОВРЕМЕННИКУ / Letter to a Contemporary

66 NO SMOKING! / *No Smoking!*

70 Не знаю, не знаю, какая там вита нова / I don't
know, I just don't know about

72 Не орел не решка – значит, вопрос ребром /
Not heads not tails — this means right on edge

74 РОЖДЕСТВЕНСКИЙ КОАН / Christmas Koan

## Selected Poems

80 ИКАР / Icarus

82 РУСАЛКА / The Mermaid

84 ТАЛЛОМ / Tallus

86 НАТЮРМОРТ / Still-Life

88 Что на том свете чувствует абрек / What does
an Apache feel in the other world

90 ПОЭТ И ЦАРЬ / The Poet and The Tsar

94 ВИДЕО / Video

96 Весь город озарен влеченьем / The whole city
seductively lit up

98 И рыбку съесть, и кости сдать – ведь в этом
счастье / And to eat fish, spit out the bones —
there's happiness for you

100 БАЛЛАДА О ШЛИРЗЕЕ / Ballad of the Schliersee

102 Прощай, прощай, поэзия / Poetry, farewell, farewell

104 Меня убивает бессилье / I am slain by the impotence

106 Говорят, если гложет тоска, измени / They say if
       longing gnaws at you, change

108 Надежда умирает не последней / Hope is not the
       very last to die

110 ЖИЗНЬ БЕЗ ТЕБЯ / Life Without You

112 МАРАФОН / The Marathon

114 "Orchidée noire, les yeux du caviar russe" / Black Orchid

116 AUCUNE NOUVELLE / No News

118 *Moi* qui s'éloigne n'est pas *moi* qui s'approche / I who go
       away am not I who draw near

120 LA CIRCULATION / Circulatory Traffic

123 Notes

A number of these translations, many in earlier versions, have been previously published in the following magazines and anthologies: *Agni*, *Bread for This Hunger* (Crab Creek Review Press), *Crossing Centuries* (Talisman House), *Cyphers*, *Frank*, *Gargoyle*, *Glas*, *The Graham House Review*, *In the Grip of Strange Thoughts* (Zephyr), *The Kenyon Review*, *The Literary Review*, *Lives in Transit* (Ardis), *The Michigan Quarterly Review*, *Minnesota Review*, *Modern Poetry in Translation*, *Onthebus*, *Poetry International*, *Sulphur River Literary Review*, *Takahe*, *Third Wave* (University of Michigan Press). The Russian texts have been provided by the poet.

I would like to acknowledge with gratitude the Citizens Exchange Council, which first introduced me to Shcherbina; Laura Weeks and Cris Mattison, who helped immeasurably with editing many of the translations, and the Boston-area translation group I call the Club Dolet.

*The Score of the Game* is dedicated to Nanc Costello and to Steve Sadow, who have kept me honest in the work.

# Foreword

*—I'll bet you a drink I can tell you the score of the game before it starts.*
*—Oh yeah?*
*—The score of the game before it starts is zero-zero. Pay up.*

It's an old barroom joke, yet, like so many old jokes, it expresses a view of the world, a way of contemplating and dealing with a world in which standard gestures and relationships are always starting from scratch, in which games begin at zero and, after the players have gone home, the scoreboard is reset at zero. In this, the old joke has so much in common with the poetry of Tatiana Shcherbina — her attitude, her word-play, and most of all her paradoxical stance as a sibyl who prophesies not the future, but the here and now — that it provides a fitting title. Hers is a vatic voice speaking not of what is to come, but of what is. And the pay-off comes in reflection, because this kind of prophecy functions as a mirror. Doubles, parallels and reflective images shimmer all through Shcherbina's poems.

At the heart of *The Score of the Game* is one complete collection of her poetry, *Nol' Nol'*, Null-Null, Nothing-Nothing, Zero-Zero: the score of the game before it starts. But there was a time before the game, and the game itself, and a time after the game ended. The present in Russia has changed dizzyingly from the late 1980s, when Shcherbina began writing seriously, until now. *Nol 'Nol'* emerged at the swing of the poet's emergence from the shadow of her role in the Soviet Union's alternative culture into the compromising light of untrammeled publication, first in samizdat and then as part of her first formal book.

The literary generation in which Tatiana Shcherbina reached maturity is one of particular ambiguity. Born in 1954, the year after the death of Stalin, she graduated from the Moscow State University with a degree in French literature and a thesis in classical studies during an era of official caution, if not outright repression, when some older writers like Brodsky, Sinyavsky and Solzhenitsyn were impelled or encouraged to emigrate after a decade of more immediate penalties. This wave of Russian cultural diaspora created loose divisions within Russian literature. There were writers who wrote with the imprimatur of the official Writers Union, most of these of "the generation of the 1960s." Then there were those who created a dissident alternate cultural force — not necessarily to be identified with an overlapping dissident political opposition — within the country, publishing mostly in hand-circulated (*samizdat*) editions and those whose work was primarily published abroad (*tamizdat* — a coinage from the Russian word *tam*, "over there"). While many of those who opposed the official strictures adopted strong political stances as an opposition, others sought to break into the official precincts without compromising themselves. The poetic divisions were far from absolute. The poet Yevgeny Yevtushenko had made his reputation as a powerful voice opposing Stalinist and neo-Stalinist repression, and yet by the 1980s he had come to represent a face of the Establishment, however liberal. Of this "generation of the 1960s," Shcherbina remarked in a 1990 interview with Rochelle Ruthchild in *The Women's Review of Books*, "Their poetry lived on platforms, and they addressed the millions. They made claim to being leaders. They themselves were like Stalin, ruling the crowd."

The poets who came after these writers — Shcherbina's generation — distrusted the choices and stances of their elders even as they were struggling to establish a new response to the cultural pressures deforming their world. They took as their models the quieter voices of "Akhmatova's orphans," of whom the exemplar was Brodsky in exile. As Shcherbina said, again in her 1990 interview, "Poetry should return to the tradition that existed before this sixties generation. The new generation must bring new ideas, new attitudes to poetry." The contradiction between innovation and tradition in her statement is only superficial: The tradition she refers to is one of linguistic and thematic experimentation that flourished at the turn of the twentieth century and past the 1917 revolutions. In its current manifestation it was a "New Wave" — a Third Wave in twentieth-century Russian poetry.

During the late 1980s, Shcherbina emerged as a popular spokesperson for this growing independent cultural movement that blossomed under the clearing skies of perestroika. She published seven books before 1990 — five in samizdat of poetry (with mixed prose), a novel, and one "drawn book" — before a selected edition of her poetry, *Tatiana Shcherbina*, appeared in Moscow in 1991.

To Leona Schecter, an American journalist who interviewed her in 1987, Shcherbina identified herself loosely with the "Conceptualist" movement of artists and poets. The

Conceptualist point of view embraced certain superficial markers of the dominant Soviet culture in order to parody, undermine, and subvert that culture. (Or rather, it regarded the Soviet manifestations as themselves the parody of culture, therefore the Conceptualists were merely redressing the balance, taking back the territory.) Its relationship with the dominant ideology was profoundly oppositional, but superficially ambivalent. From Shcherbina's point of view, while she was hoping for admission to the Writers Union on her own terms, and with the support of one of the major poets of the 1960s, Bella Akhmadulina, she considered many of her colleagues too fixed on a Soviet vocabulary of image and language, even in their rebellion against it.

Most poets of Shcherbina's generation, both those who were comfortable within the Soviet restrictions and those whose work constantly rebelled against or subverted that tradition, drew their strength from their connection with the canons of Russian literature. By schooling and temperament — educated in the Greek classics, and drawn by affinity to French culture — Shcherbina looked abroad; her poems are redolent with "Western" references. During the 1980s, many of her poems reflect the ambiguous look cast by so many Russians on American influences, and then between 1989 and 1994 she worked with Radio Liberty, living in Munich and studying at the Goethe Institute in 1991. But the steady orientation on her compass is to France. At the beginning of her writing career, she translated Mallarmé, and, while she was living in Paris from 1992 to 1995, she translated a number of French poets into Russian, as well as writing a significant body of her own verse directly in French. However, unlike many Russian poets of her generation who have chosen to make their careers abroad — in Germany, Scandinavia, Switzerland or the United States — Shcherbina has returned to Moscow, where she has established a career as a cultural commentator, prose-writer and editor.

I met Shcherbina first in Moscow, in summer 1986, at a gathering in her own apartment. There, dressed theatrically in white, she hosted a group of American poets and writers who had been steered in her direction by a Greek diplomat. The offhand, intimate reading she gave her poems in our presence stood in stark contrast to the amphitheatrical Russian readings we had been used to. In 1987, intrigued by the playfulness of her language — and feeling liberated by that playfulness from too literal a rendition — I began translating her poems.

My translations of Tatiana Shcherbina's poetry have changed with her changes. In the beginning of my work, both of us were most highly focused on the sound of the language and the word-play. In "Thallus," for instance, whole lines of the English only follow the drift of the Russian in meaning, because the emphasis is on the internal rhyme and verbal extravagance; and I felt no compunction about transforming a lunar deer in "Still-Life" into an elk, for the rhyme. More recently, the language of her poems has grown more domesticated and even straightforward, and the concerns of the poetry are more personal. In these poems, I have chosen to hew more closely to the line of prose meaning.

When we consult, we consult in French, a neutral language that lies between us like a co-ordinating conjunction. Again and again in correspondence, Shcherbina herself has emphasized the effects she wants in English, and urged me away from word-for-word translation. When I asked her about revisions to "Not heads not tails," one of the poems in *Null Null*, she wrote in a recent e-mail, "The syntax of the last three lines has no importance at all (lots of commas, or none). This poem contains a lot of puns . . . So, it's much too difficult to take literally."

More than the linguistic differences, translating Shcherbina (as with so many poets of her culture and generation) means confronting tremendous cultural idiosyncrasies that are reflected in the language. An experienced translator herself, Shcherbina expresses an audible sigh in a note that reads, "It's very difficult to translate everyday realities which are not understood by Americans. I am always in favor of changing the text to make the meaning and the sentiment natural for a foreigner." In my first translations I took more liberties than I do now. Readers who have come across earlier versions of these poems in English will find significant revisions. My exuberant coinage of "to let it all out / in sobbing or ejaculactivity" in "Eros Poesis," for example, has now been replaced by "to let it all out / to ejaculate it all in salty tears." But I still have considered myself not just licensed, but obligated, by the poet to make new poems in American English out of her Russian originals — a license and an obligation I don't always feel so strongly with other poets.

One particular problem comes with Shcherbina's use of English words in her own Russian text. Occasionally, when it is the *foreignness* of the word-play that I want to capture, I have used French in place of the Russian's original English. But French is not a cultural equivalent of English in Russian resonance. English has a cold-war reflective resonance ("US-SU") that is often significant in Shcherbina's poems, so many of which turn on images of reflection and mirroring. In these cases, I have resorted to simple italics to signal the use of English.

In addition to making changes for the sake of sound, I have also done so for the sake of easy cultural reference ("Anacin" for an equivalent Russian headache pill) or, as a more complex example, "apache" for "abrek" in "What does an apache feel in the other world. . . ." Shcherbina was not thinking of Cochise or Geronimo when she wrote, but of nineteenth-century tribesmen in the Caucasus Mountains, and the transference of their fierceness to describe twentieth-century toughs. I delighted in the correspondences: the southwestern geography in respective national histories and the use of each word as a synonym for a kind of gangland hooliganism or banditry, each in its own language (for "apache," in French, Shcherbina's second language, even more than in English).

It's a commonplace of critical theory that translation, too, is a mirror — necessarily with organic flaws and mechanical distortions. I make note of this, but without apology. A translator is also a prophet of the present, a sports commentator handling the play-by-play of others' dramatic actions. In this, it is possible to be very much in line with Shcherbina's own vision and intentions, to do what she does.

Luckily, with her poems, the translator starts from something more than zero, and gets to participate both in the poet's "picturesque intensity of culture," and in the more individual cries of participant and spectator that comprise *The Score of the Game.*

NULL NULL

НОЛЬ НОЛЬ – это и tabula rasa, и стол, уставленный всем, чем можно его уставить. Ставить дальше – только дублировать, да и ставить некуда: только вторым ярусом, что – опять же – дублировать. Так что НОЛЬ НОЛЬ все и ничто, и дубль. НОЛЬ НОЛЬ – это вершина культуры, и точка ее падения, и равнина, style neutre. Субъективной прихотливости, индивидуалистического выпада за или против – вот чего здесь нет, вернее, он присутствует как узор, изгиб синусоиды.

«За» – плюс один, плюс два, плюс сорок.

Дальше – слишком жарко и – смерть, искупительная во времени НОЛЬ НОЛЬ только, когда вместе с ней на всех циферблатах мира вдруг начинаются новые сутки: НОЛЬ ОДИН. И тогда – другие законы. Другая жизнь, другое небо, и момент этот близок, что понятно каждому, кто не спит в полночь.

«Против» – минус один, минус сорок, и – вечная мерзлота, из которой героя когда-нибудь извлекут, как мы – мамонтов, так что он сыграет свою роль.

В этом пространстве-времени-ноль ноль человек-существо-Ноль Ноль не может быть назван по имени, но гадания о нем составляют живописное напряжение культуры. Гадание все же – вид лукавства, после него тянет к простодушию.

# Foreword

NULL NULL: This is a *tabula rasa*, a table with room on it for anything that fits. To put more on it is only to duplicate — to put more into nowhere: only on a second stratum, which means — once again — to duplicate. So NULL NULL is everything and nothing. Doubled. NULL NULL is the summit of culture and the point of its falling off, a plateau, *style neutre*. A subjective whim, an individualistic assault for or against: this is just what it is not. More accurately, it's there like a pattern, the bend of a sine curve.

"For" is plus one, plus two, plus forty.

Any more than that is too hot, and a death redeeming NULL NULL into time only when, together with all the clock-faces of the world, suddenly a new circadian rhythm starts up: NULL ONE. And there will be other laws. Another life, another heaven — and that moment known to everyone who isn't asleep at midnight will be near.

"Against" is minus one, minus forty, a permafrost from which someday a hero will be drawn, the way we draw out mammoths, to play his own particular role.

In this space-time-null-null — the human creature-Null-Null may not be called forth by name, but predictions of him will form a picturesque intensity of culture. All the same, this fortune-telling is a prospect of cunning that stretches behind into artless simplicity.

# О ПРЕДЕЛАХ

Цикады, мой Рамзес, поют цикады.
Цикуты мне, Сократ, отлей цикуты.
В ЦК, не обратишься ли в ЦК ты?
Нет, брат мой разум, я, душа, не буду.

Постройки, мой кумир, смотри, постройки.
Мы разве насекомые, чтоб в ульях
кидаться на незанятые койки
и тряпочки развешивать на стульях?

Открой ее, Колумб, отверзь скорее,
вести земную жизнь упрел потомок.
Куда податься бедному еврею?
Куда направить этот наш обломок?

Приятель мой, мутант неотверделый,
безумный мой собрат неукротимый!
У рвоты и поноса есть пределы,
и вот они. Да вот они, родимый.

# Concerning the Limits

Cicadas, my Ramses, cicadas are singing.
Hemlock, Socrates, pour out hemlock for me.
Will you, tsk tsk, turn into a Central Committee?
No, brother reason, I am a soul, will not.

Constructions, my graven image, look at constructions.
Don't we turn into insects in order to fling
our bodies down on unoccupied bunks in the hive
and hang up our rags on stiff-legged chairs they provide?

Open, Columbus, fling open all the more quickly,
your offspring sweated out laborious lives.
Where shall we set apart the impoverished Jews,
And where direct the feet of our wretched refuse?

My friend, my still unhardened genetic sport,
my crazy colleague whom nothing at all can thwart!
We reach our limits at puke, at diarrhœa:
Here they are. Yes, here they are, my dear.

# МАЧЕХА

*Володе Сорокину*

Борщи компоты и рассольники
варила Золушка в кастрюле,
которая на подоконнике
в шумерской солнечной культуре
видала за окном пейзажики
помоек строек демонстраций,
а в спальню к непорочной Машеньке
Иосиф приходил…
В кастрюле же из чиста золота
мутнел бульон из синей птицы
и только перец черный молотый
(как подновляет тушь ресницы)
спасал птенца зазеленевшего.
В окне зазеленевший полис
встречал прохладой утро, лезшее
будильником, чтоб жнец, торговец,
кузнец микенско-критской хартии
узрел, что рядом не пантера,
а знатный хлебороб, член партии,
и коль родит, то пионера.
За что же Золушке по харе-то?
За то что жизнь у ней кастрюльная,
кастрюля кровью хоть не залита,
сравнима с погребальной урною,
на ней гравюры процарапаны
костьми нежнейших птеродактилей,
слезами липкими закапаны
блядей и золотоискателей.

# The Stepmother

*for Volodya Sorokin*

Cinderella boiled up borscht,
pickled fish soups and jellies in a pot,
and over the windowsill
of a Sumerian, sun-drenched culture
saw her bit of landscape —
manifestations of dumps and lumps —
while Joseph stepped into the bedroom
to his immaculate little Mary...
In the clean golden pot
bluebird bouillon stewed,
and only ground black pepper
(like kohl enlivening an eyelash)
saved the fledgling now turned green
Outside the window a green-turned policy
met a cool morning that used an alarm clock
to climb in, so that the reaper, the merchant,
the smith of the creto-mycenean record
saw not a panther at her side
but a known wheat-farmer, a party member,
and if he breeds: it'll be a Pioneer.
But what's that smeared on Cinderella's mug?
This is her potted life, the saucepan
however unflooded with blood,
compare this to a funerary urn,
engraved with glyphs scratched out
by the bones of the tenderest of pterodactyls,
already dripping with the adhesive tears

А Мариванна мужа потчует
и Золушку бранит, не зная,
что потому что непорочная,
поэтому и неродная.

of hookers and gold-diggers.
Meanwhile, Mary Jane will entertain her husband
and rail against Cinderella, not knowing
that because she is immaculate
she is not our own.

# НОЛЬ НОЛЬ

## Путевые заметки

Ноль ноль есть пункт и время отправленья
о дня, где о – колечко шланга, но,
где но – пожарной лестницы деленье.
Подглядывать за будущим смешно.
Мензурка, где свой пост уже скумекал
о головастик, длись в глазках молекул,
но – между горло режущих осок,
о морс, о марсианской вишни сок!
О риск, но риск, о высь небесной ранчо,
но – вышка Джомолунгмы Коммунизма,
да разве я могла приехать раньше,
когда так велика моя отчизна:
косичка просоленного хребта
бросает тень на солнечную чакру,
ей не зарубцеваться никогда,
раз мне идти на мост, а не под арку.
От корки до подкорки только шаг,
но он в объезд по окружной дороге,
он – организм, он защищен, мудак!
Мой трупик, ты отсюда делай ноги,
здесь диалектика, здесь нет дороги.

# Null Null

Null Null, this is the where and when of departure
O days — where O is the coil of a hose — but no —
where but no is a step on the fire escape —
(it's silly to spy on the future)
the measuring glass where O pollywog
already understood its place
and swam away in molecular little eyeballs,
but no — among throat-slitting grasses
O cranberry, O martian cherry juice!
O risk, but risk, O the high point of a heavenly rancho,
but no is the summit of the Jomolungum of Communism,
and why couldn't I have come on the scene
when the fatherland was still consequential:
the small braid of a salty ridge
throws a shadow on the chakra of the sun
that will never scar over,
If I have to go — over the bridge, and not under the arch.
Only a step from cerebrum into cerebellum
turns out to be a long detour on a roundabout road,
It is a living thing, it's protected, scum!
My little corpse, come on, shake a leg now —
it's all dialectic here, there is no easy way.

## Обращение

Ноль Ноль, ты вовсе не величина:
ты бич числа. Что на тебя ни множу —
всё ты один. Да, я увлечена
и к твоему приглядываюсь ложу.
Твое прикосновение — синяк,
ты — числовыводитель, бензобак,
как в черную дыру в тебя не ухнет
лишь меднокожий памятник Петру.
Я, всадник табуреточный на кухне,
гляжу, что дело движется к утру,
раз розовеет в серой мгле рейхстаг,
и кажется, что все стихи — пустяк,
и люди все искусственны, как Голем.
Ты, медиум меж числами и полем,
лежащим за шлагбаумом шкалы,
ты признак мира, где не мы глаголем,
откуда только сыплются нули —
ты призрак, нет лица, глупейших черт,
придумать, разгадать его — о Боже —
Ноль Ноль, к тебе, как всякий интраверт,
я тяготею. Тяготенье — тоже
паденье. Потому кончаю — лежа.

## INVOCATION

Null Null, you have no value at all,
a scourge of number. Nothing to multiply —
you're all alone.  Look, I'm under your spell,
mesmerized by how you lie.
Your touch is a bruise,
you dry-cleaning number remover —
the only thing not falling
into your black hole
is that bronzed monument to Peter.
I,  stoolbound cavalier in the kitchen
watch the matter move toward morning.
The Reichstag blushes in a gray mist,
and all poetry is a bagatelle,
the whole world, artful as Golem.
You, the mean between figure and ground,
the other side of the dial's barricade,
signify a world where our unverbalized nulls
simply pour forth —
you are a faceless ghost, free
of stupid characterization,
invent you, guess you — oh god! —
Null Null, I gravitate, like any introvert,
to you. And gravity's a fall,
as well. So I end up asprawl.

## О душе

И к душам относясь, как гинеколог
к таинственным отверстиям акмэ,
я нахожу до стадии иголок
дошедшие в них нити макрамэ.
И в точках остроты, на грани краха,
узор, ломаясь, вьет себя в гнездо.
Свалявшаяся пряжа – чаша праха,
но может быть, конечно, и ландо,
горшок, куда летят как стрелы иглы.
На что они, когда мишени гиблы?
Колчан уж полн, узор плешив и редок,
такой же вид имеет сеть разведок,
наверное. Везде летает моль,
в искусственных волокнах мышц и тока
летает, падла, сотворяя ноль
в плетеньи хитром. Прямо рвет с наскока
носки, в которых греется нога
души. И видно, как она нага.

## ABOUT THE SOUL

I take care of the soul the way a gynecologist
takes care of the secret orifices of acme.
I find the threads of macramé
hardened into needles.
and at the points of acuity, the edge of collapse,
the pattern, breaking, is woven into a nest,
the skein of yarn into a chalice of ash,
(or maybe, more obviously, an open carriage)
a pot where needles fly like arrows.
But to what end when all the targets perish?
The quiver remains full, the weaving sparse and bare,
and the web of reconnaissance looks about the same.
Moths are flitting everywhere,
in artificial fibers of current and muscle.
They fly, the fuckers, making Null
in the subtle weave. They rip apart
the sock that's meant to keep the foot
of the soul warm. And you see how naked it is.

# Вестник

Оставив при себе слюну средь пира,
я смачиваю ею желчь сухую,
я даже куропаточек любила,
но всё с почтовым голубем воркую.
Не свой и не чужой, он вестник или
шпион, предатель, переносчик, датчик.
Хожу в стирающем всем миром мыле,
прополоскаться – не хватает прачек.
А он несет неведомые кванты,
женьшени, пробы грунта, чьи-то песни,
и так я собираю эсперанто,
но ты его уже не слышишь, вестник!

У нас была одна натура: веник,
цветы, кувшин, на пару – женщин пара,
мы рисовали: ты – как академик,
я – как примитивист и как попало.
Младенцам высоко, что взрослым рядом,
они и просят, чтоб их взять на ручки.
Хотя меня потом кормили ядом,
но жил во мне дебют любимой внучки.

Посол зверей, Д. шевелил ушами,
а М. соплей перешибал предметы,
был Р. из мест, где учатся ножами
приобретать особые приметы.
Слетались неудачники и психи,
и звезды, и сидящие в Шамбале,
они передавали мне улики

## THE MESSENGER

In the middle of the feast I kept my spit to myself
to moisten the dry bile.
I suppose I could love even the partridge-hen,
but choose to bill and coo with the carrier pigeon.
Not exactly one of us, not quite foreign,
he is a messenger or
a spy, a traitor, a tattle-tale, a sensor —
There aren't enough washerwomen to rinse away
the lather I'm in that washes over the world.
But he carries quanta incognita,
ginseng, soil tests, somebody's songs,
and so I'm getting my esperanto together,
hey, messenger — you don't even listen.

We shared a single soul: a loofa,
flowers, a jug — just for the two of us, a couple of women,
we drew pictures — you as an academic,
and I in a primitive, catch-as-catch-can style.
What's handy for grown-ups is too high
for the little ones, who ask us to lift them up,
and although they fed me on poison then
I still could come on like a favorite granddaughter.

Ambassador from the animals, D. wiggled his ears,
and M. could bust up objects with his snot,
R. was from that kind of place you learn
to make your special mark with narrow blades.
The down-and-out and out-of-it flocked together,
the stars too, and those sitting in Shangri-La.

своих миров, и этим жизнь продляли.
Он склонен к воплощеньям, вестник или
шпион, предатель, переносчик, датчик,
ты так мне нужен, Ноль из звездной пыли!
Всё прочее – театр трико и пачек.

They passed along their evidence
from their own worlds, and thus prolonged my life.
He's tending toward incarnation, this messenger or
spy,  traitor, tattle-tale, sensor.
I need you so terribly, Null downdusting of stars,
that all else is theatre: tutus and leotards.

# ЖЕНСКИЙ ТЕАТР

*пьеса для любого количества любых персонажей ж.п.*

Перцовый пластырь не разжигает падучей.
Цветные таблетки плывут себе в пасмурной шизофрении.
Мозги над бездной желудка нависли как тучи.
К легким прилип никотинный иней.


Хорошо в телевизоре, в его приоткрытой дверце
дополнять собой цветовые пятна.
Вон старые перечники, вон молодые перцы,
а настоящее, как царство небесное, непонятно,
и как овца: к чему она клонит, к шерсти ли, к молоку ли -
ну непонятно, ну хули.


Вот я буду кукла с кличками,
скажем, девочка со спичками,
сиротинка, свет несущая,
роль воистину насущная:
Прометей безгеройного времени, то есть, без клички –
это именно девочка. Свет ее маленькой спички.


Или Золушка. Жизнь – пополам,
по ночам – в халатике – по балам,
днем халатик стирает.
И ее раздвоённую личность везде попирают.


Нет, не то. Жизнь теперь и нежней, и моложе.
Я буду Джульеттой, возлюбленной сына врагов.
Гражданина Монтекки, конечно же, вышлют, ничто не
поможет.

# Women's Theatre

*(A play for any number of any kind of female character)*

A mustard plaster won't rouse the fallen.
Colored tablets will simply swim in murky schizophrenia
Brains overhung an abyss of stomach like stormclouds
nicotine hoarfrost flowed to the lungs.

It's fine to be colorful lifeless easy-going inside
the television, in its slightly open cupboard door
Over there are mustered the old pepperpigs, over there the
                                    young peppers,
but the present time, like the Heavenly Kingdom, is
                                    incomprehensible
(and like a sheep: whatever its inclination, whether wool
                                    or milk —
well, it's incomprehensible and, well, what the fuck).

Watch me turn into a doll with cute nicknames,
let's say, a little match-girl,
a little orphan holding a light,
verily a vital role:
Prometheus of an unheroic season, a season with no
                                    nickname —
just a little girl. Her light like a little match.

Or Cinderella. A life split in two,
by night in a fine gown dancing from ball to ball,
by day washing out the same gown.
A dual personality — everywhere, they stamp her down.

Я границу нарушу. Мне вышку дадут за любовь.
Политический шаг моей смерти – прозренье народов,
чтоб они жили в мире и не сводили бессмысленных счетов.

Нет, еще помоложе. Лолита. Не вундер, не кинд,
но под задницей Рихтера так не поднимется винт,
и пасутся в сенате, в конгрессе, в совете:
не должны быть забыты – вдруг так и не вырастут – дети.
Что останется Гумбертам? Брать интервью у детишек.
Так рождаются ясные мысли из тайных страстишек.

(А если б знали, из какого сора
растет и мировая скорбь, и ссора,
тогда и сероглазый бы король
не дал ей героическую роль).

Знай уроки истории: если жертвенный пафос и праведный
                                                        гнев
у куклы смещаются с пола на стену, с портала на неф,
и как туча с небес она глянет и вдруг прослезится,
значит, это царица. Катерина. Катерина Иванна Вторая,
всё одно она в царском дворце как луч света в сарае.

No, that's not it. Life is gentler now and newer.
I will be Juliet, in love with my enemies' son.
A Montague, of course, a helpless, banished citizen.
I cross the border. They raise a monument to my love.
With my death I bury my parents' strife,
a political step in the insight of peoples.

No, still newer than that. Lolita. No wunder, No kind,
but under my ass — Richter's screw won't rise.
And it's passed in the senate, congress, parliament:
Let them not be forgotten, the children —
                        Suddenly they won't grow.
What's left for Humbert Humberts?
                        Interview the little ones.
Clear thoughts spring from small secret sufferings.

(And if they only knew what kind of soil
worldwide sorrow grows in, and quarreling,
then she'd never have given the grey-eyed king
his heroic role.)

Learn the lessons of history:
            if sacrificial pathos and the righteous wrath
of dolls are smeared from the floor to the wall,
            from the portal to the nave,
and like a stormcloud from heaven she looks
            and suddenly sheds a few tears,
it means: this is an empress. Catherine. Catherine II.
All the same, she is in the palace
            like a sunbeam in a barn.

# ХОР:

Завидная участь: не в дурдоме, а тоже с плюмажем.
Будь же ты персонажем, так надо другим персонажам.
История – пьеса, и ты не мешай ей писаться,
стань стулом, подушкой, чтоб было к чему прикасаться.
Ах и быть бы как все, но как все поголовно, включая рептилий.
Роль прозрачна как тень, ты проходишь как маршал сквозь
                                           смыслы и стили.
Где святые отцы? На экране. И там же глухие поселки,
в них исламский разбой и артисты с тобой на прополке.
Ты как будто на грядке – нет, сам ты в безвестной могиле,
                                            здесь твой призрак.
Поймав на волне мою грезу, ее подкрутили,
одиноко в эфире свистела она, не в программах,
и меня подсекли. И теперь вот я жду этих самых
кукольных дел мастеров,
что придут меня класть в коробок, перевязывать лентой,
чтобы я была хоть невидимкой в коробке, хоть кем-то.

## CHORUS:

An enviable fate: not the madhouse, but with a little panache.
Take on this character; if need be, take another.
History is a play, and you don't stop it being written,
become a chair, a cushion to be lightly touched.
Oh, to be like all, but like one and all, even reptiles.
A role transparent as shadow, you pass like a field-marshal
       right through sense and style.
Where are the holy fathers? on the screen.
       And over there, settlements for the deaf,
where islamic piracy and artists are with you for the weeding.
You teeter as if on the edge — no,
                 fallen into an unknown grave,
this is your ghost here.
Having tried to catch the wave of my daydream,
       they folded it under.
Alone in the æther it went whistling, unscheduled;
and hooked me. So look how I'm waiting now for these same
puppet-masters,
to put me away in a box, tie it up in a ribbon
so I'll be nothing but an invisible presence
       in a box,
           or else.

## ЭРОС ПОЭЗИС

Дурь семейства конопляного,
Запах роз и «J'ai osé»,
вкус кумыса полупьяного,
нежных мусса и безе.
В мире нет такой инъекции,
нет такого и шприца, -
так сказала б я на лекции
с идиомою лица.
А сама лежу и думаю
совсем напротив, в пятистопном ямбе,
что башмачком хрустальным, крупной суммою,
я не владею, чтоб остаться в тампле
«Июль в Москве». Нет горя мчаться в Сочи!
Индийский чай подкрасит одурь ночи
в цвет фернамбука, в самый злой загар,
с которым не живут ни дольше утра,
ни дальше мест, где чтится Камасутра:
шипит рагу там, где затих угар,
ось палиндрома, «ха» на «ах» - насмешка,
и white стал black – гарь, копоть, сажа, пешка
взамен противуцветных королевств.
Постоем женихов-невест
становится все та же Плешка.
Теперь мне впору зарыдать
и солью слез эякулировать:
любовь есть только повод дать,
поэзия – артикулировать.

# Eros Poesis

Idiocy of the hemp family,
scent of roses and *J'ai osé*,
a taste of tipsy koumiss,
tender mousse and custard —
no jolt like it in the world
and no such syringe —
so might I say after a good reading
in the idiom of the visage.
But by myself I lie and think
just the opposite in my own iambic pentameter —
that with a glass slipper, a stupendous sum
I don't possess, I can remain
in the sanctuary of Moscow-in-July
No grief to whirl off to the South!
Indian tea underscores the stupor of night
to  brazilwood light, to a terrible sunburn,
with which its impossible to live past morning,
nor past the place where Kama Sutra is worshiped:
where a *raga* is stewed, as sober  as an *agar*  of  passion,
the palindrome's axle (*ha, ah*) is a mockery,
and *blanc* turned *noir* — char, blacking, soot.
a pawn sacrificed for the other-colored kingdom.
Where the bride and her jolly good fellow
might as well lie in a bordello.
Now is just the time for me to let it all out
To ejaculate it all in salty tears:
Love is laying yourself open,
poetry is putting it in words.

Что для вегетатики событья
городского зуда-куража,
а в черте искусного соитья
жизнь бывает очень хороша.

Кискин-брыскин! Стайка нежных кличек
ходит следом как пяток детей.
О ничтожнейшая из привычек –
дегуманизировать людей!

Вся любовь – заведомое против
самого блатного бытия,
принадлежность к неземной породе
говорит в движениях ея.

What about the branching nervous system
of the world's overwhelming swagger-itch,
at the borderline of skillful coitus —
life remains incomparably rich.

Pussycat-scat! Sweet names in little flocks
Follow along like a handful of tykes.
O most trivial of human habits —
The dehumanization of decent folks.

All love is a notorious specific
against its own particular life of crime:
membership in an otherworldly species
speaks in gestures of an earlier time.

## НЕШОПЕНОВСКИЙ ЭТЮД

Рай гранулированных гор в аду тусовок,
фольварков, парков, рощ, могил для двух кроссовок,
скудельницкий джаз-рок, биг-бенд, и на трахее
играет соло мой скелет, душа, психея.
Морена, майя, маета! Как ряса, ряска
скрывает, что тощей кнута в неволе ласка,
и что у тела тыла нет и веры нету,
и сыплет бабочка-душа пыльцу по лету:
цветные порошки теней, помаду, пудру
не в мисс Диор, мадам Шанель и фрау Бурду,
а в негритянское лицо, стекло ночное,
где будто свет и будто что-то там такое...

## Unchopinesque Etude

A heaven of granulated hills in a  hell of hang-outs,
granges, parks, groves, graves for a pair of sneakers,
a frail thread of jazz-rock, big-band, and my skeleton,
my soul, my psyche, plays a windpipe solo.
Moraine, may, a mess! Like a cassock, duckweed
disguises the caress in bondage of a scrawny knout,
and the news that a body has no retreat
and that faith does not exist,
and a butterfly-soul in its flight pours out pollen:
colorful dustings of shadow, rouge, powder
not from Madame Chanel, Miss Dior or Frau Burda,
but in a blackamoor face, the night-time glass,
as if there were light there or something like this . . .

Мой идеологический противник,
мой внешнеполитический каприз,
ты там ли, где тропические ливни
смывают с тротуаров юрких крыс,
ты там ли, где в овальном кабинете
есть тайный уголок,
да ты вообще на этой ли планете,
милок?
Ты, может, полководец в звездных войнах,
а может, тело звездное уже,
да разве я могу здесь жить спокойно,
тебе слагая оды на верже!
На вираже я уязвима перед
гуляющими по тропе
империи – народ мой свято верит:
тьма – в темном прошлом, и еще – в тебе.
Так что мне светит, кроме треугольников:
кто Вегой был, тот станет Бетельгейзе.
А Южный крест, созвездие католиков,
тебе дан, чтоб глазеть, а мне – чтоб грезить.

My ideological antagonist,
my foreignpolitical whim,
are you there, where tropical downpours
wash scampering rats off the pavement,
or there, where the Oval Office
is built with a secret corner,
are you anywhere on this planet,
sweetheart!
You might be a captain in Star Wars,
you might be already a stellar hunk,
but let me live here in peace
laying out odes for you, swerving
along the dangerous curve,
I am the one at risk of those
traversing the path of empire —
my people hold to their creed:
Darkness in the dark past, and now there's you.
Astral triangles aside, what gleams
for me is Vega becoming Betelgeuse.
A Catholic constellation, the Southern Cross —
an object of vision for you;
for me, an object of dreams.

Так было тошно, что я что могла, то ломала
и все было тошно, все мало
тут открылась калитка, и ты, принц-Улитка:
футболочка с Моцартом, два свитера, куртка, гитара
(вернее, в обратной последовательности).
Улитка, твой домик, где лампа разбита, горящему хутору – пара
Мы выпили чаю на кухне, но все было мало,
не отвести было глаз карих от серых и серых от карих,
и телемостик меж ними прорезался в облаке хмари.
Третий на нем не умещался, но все было мало,
мы за руки взялись, ядерный принц,
мы просто взорвались и в космосе обнялись,
и все было мало.
Мы очнулись опять на земле, где мой муж и твой поезд
объединились в границу, где кончается полис.
Вологодское кружево не плетется из крошева скал,
но коль скоро вернешься,
лиловой звезды на груди, правда, слабый накал
ты узнаешь. Хоть этого мало,
я остальное когда-то уже поломала,
и ты, кроме двух, принц-Улитка, антеннок, наверное,

всё поломал.

It was so nauseatingly sick, I broke whatever I could
Everything sick, insufficient
here the little gate opened for you, Prince-Snail:
A half-pint halfback with Mozart, two sweaters, a jacket,
        a guitar
(more likely, not in that order).
Snail, your little home with its broken lamp makes a pair
with a rotting farm.
We drank up our tea in the kitchen, everything insufficient,
we couldn't turn hazel eyes away from gray, or gray from hazel,
and the telebridge between them cut through in a gloomy cloud
A third made no difference, but it was all insufficient,
we took hands, my nuclear prince,
we simply exploded and embraced in the cosmos,
and it was all insufficient.
We came to again on earth, where we found my husband
and your train joined at the border where policy stops.
Chantilly lace isn't woven from a scree of crags,
but if you come back soon, you'll see and know
lily stars on my breast, right, a weak
incandescence. However little it was, I've already destroyed the rest,
but you, except for two small antennae, prince-Snail, destroyed just
about everything else.

Пуль не надо, сердце рвется само,
тащится в добровольную ссылку
думать. Цитрамон? Нет, само.
Море, в тебя ли я тыкаю вилку,
в шницель, в творог?
Проплывая октябрь в молочной галактике,
организм продрог
и неконтактен.
О чем я думаю? Вдали дом, по которому ходит чужой,
и чужбина, где бродит близкий
(бродит близкий=Бродский, но не он), хорошо,
так о чем я думаю? Дом, где тяжко,
и чужбина, нарядная, как мультяшка.
Я не выберу, всё само.
Вот зима. Сначала только белые пятна,
Но вообще – вода.
А мной покупают билет туда
и мной же – билет обратно.

No need for bullets, the heart explodes on its own.
it thinks about dragging itself into voluntary
exile. Take Anacin? No, on its own.
Ocean, is it into you I stick my fork,
or into a schnitzel, into cottage cheese?
October swimming past in the Milky Way,
an organism chilled to the bone
and untouched.
What am I thinking of? A faraway home, where a foreigner walks,
and somewhere abroad where a close friend wanders
        (abroad = Brodsky, but not him) good,
so what am I thinking of? A home where life is hard
and somewhere abroad as classy as cartoons.
I won't make a choice, it's all the same.
It's winter here. At first, just white spots
and mostly water.
I've bought a ticket out
and a ticket home.

Линяя, выцветая всласть от частых стирок,
от смены танцев испестря ориентиры,
ступая, кожа – в плен притирок,
душа – придирок,
ступая осторожным тапком на кафель,
она и босая в летящий снег, ступая в кайфе,
переступила огонь, и стены
прошла насквозь,
и все еще вопрос измены – вопрос.
И все еще теряя память о жизни целой,
слепая страсть замучит верностью прицела,
и рушатся дома, и слухи, и под откос,
и все еще вопрос разлуки – вопрос.
Как в казни «тысячи кусочков», в тысячу точек
воткнулись иглы стрелы струны, один гвоздочек
рубиновый, звезда Кремля, сирена Скорой,
правительства и воронка – всё разговоры.
Уже все ясно, все уснули, анабиоз,
и все еще вопрос «что будет» – вопрос.

Frequent, willing laundering has leached all color
bleaching points of reference from the changing dance,
the skin in its captivity of keeping clean,
the soul in insistent whining,
stepping in cautious slippers on the tile
barefoot in flying snow, in a kind of trance,
it has crossed over the fire, right through a wall —
and, after all, betrayal is the question.
Letting a full life slip completely out of mind
blind passion will torment the fidelity of aim,
and houses fall, and loose talk run off the rails —
and, after all, separation is the question.
As in the "Death of a Thousand Cuts," needles,
arrows, strings, a certain ruby tack,
the Kremlin star, the wail of an ambulance,
of a government vehicle and of a Black Maria have pricked out
a thousand points — nothing but words.
Everything's clear now, everyone's asleep, anabiotic,
and, after all, "What next" is the question.

# ЗООМОРФНАЯ ЭЛЕГИЯ

С домашним сердцем и телом, похожим на створки халата,
сходящиеся под ребра узлом (глазком),
я по келейке, по келейке бурундуком
шастаю насупленно и полосато.

Зооморфизм спасителен!

Джунгли кукольного театра.
Тайна – условие жизни вне Каракумов.
Представление: «Дом, где сердца не бьются».
Потому мы стоим за ширмой в своих костюмах
и показываем зрителям палец, а они смеются.

У тебя на пальце кукла тигра, у меня – бурундучки,
эти штучки резвятся на опушке леса.
Я протестую: тратить последние силы..!
А ты говоришь: хорошая пьеса,
иначе нас растерзали бы настоящие крокодилы.

Я хочу тебе спеть, но поет бурундучиха
(«Гимн лесу»), вернее, поет микрофон:
я-то скулю – очень жалобно и очень тихо,
боюсь разбудить крокодила, смотрящего кукольный сон.
Ты рычишь. Потому что ты тигр, а не потому что ты идиот.
Лучше пьеса про шапку-невидимку и ковер-самолет.
Полетим куда-нибудь, сделаем шапки из меха, разделаем тушки
возьмем чемодан из тотошиной кожи,
брось реквизит для лесной опушки!

# Zoömorphic Elegy

With a homely heart and body like the folds of a bathrobe,
I run back and forth as a chipmunk, scowling and striped,
around a little cage, a little cage under a little knot (a little eye) of rib.
A redemptive zoömorph!

A puppet theatre jungle!
The secret is how to live on the other side of the Kara-Kum.
A declaration: "Home is where the heart is not beating."
So we stand behind the screen in our own clothes
and display a digit for the audience. Who howl with laughter.

You have a tiger-puppet on your finger, I a little chipmunk.
These little things play on the edge of the forest.
I protest: what a waste of precious strength…!
But you say: It's good theatre,
to keep the real-life crocodiles from tearing us to pieces.

I want to sing a song for you, but a little chipmunk
probably sings (the "Woodland Anthem") a microphone sings.
I'm one who whimpers quietly and mournfully,
afraid to wake the crocodile watching the puppet dream.
You can afford to snarl. A tiger, and no fool.
I'd rather stage the Tarnhelm and a flying carpet!
Let's fly somewhere,  make a fur cap, dress the pelts
let's grab a croc-skin suitcase,
Throw away the props at the edge of the wood!

Узел на диафрагме ожил,
моргнул глазок:
«Это тоже пьеса, но для оперы и балета,
я бы голос и тело твои поберег», -
вот что мне бормотал глазок.


Я – чайка. Нет, не то. Я – актриса. Нет, не то.
Я не Сольвейг, не Суок, не Джульетта,
я в пустыне отыщу родничок,
я верблюдицей домчусь до живой обители!
Но знаю, что дома ты спишь, как сурок.


Зооморфизм спасителен.

The knot in my diaphragm quickened,
blinked its little eye:
"This too is theatre, but for opera and ballet,
I'd look after your voice and body" —
that's what the little eye muttered to me.

I'm a seagull. No, that's not it. An actress. No, not that.
I'm not Solveig, not Scarlett, not Juliet,
I'm looking for a trickle of water in the desert,
in the guise of a small camel loping to the oasis!
I know that at home you are sleeping like a dormouse.

A redemptive zoömorph.

Всегда в июле лето, всегда в июле зелень,
волшебный город Улей в вечернем паспарту.
Фонарь в окне так резок, двойник мой, трезв и резов,
разматывает кокон, поспешно, на виду.
Трепещет и щебечет, мои подставив плечи
в сноп молний, рою взглядов, под самую грозу.
Я сжалась в горстку зерен, и лист руки, узорен,
задул бы эту свечку, медовую слезу,
но я застыла в воске, как мумия в киоске,
двойник, меня предавший, под утро сквозанул,
лепиден, шелкопряден, летит домой, опрятен,
а пчелы вышли в август, и я теперь усну.
Последний час июля, но чары не минули,
меня с пути вернули, настигли на лету.
Всегда в июле лето, всегда в июле зелень,
безлюдный город Улей как ливень на плоту.

Always summer in July, in July it's always green,
evening passage through the magic city Beeville's aways free.
The streetlight in my window, sharp, sober, sportive, twin,
quickly unravels its cocoon where it can be seen.
It quivers and it twitters, my shoulders under a lightning sheaf
in a swarm of gazes, underneath the storm itself.
With grain clutched in my fist, my hand (a patterned leaf)
would have snuffed this candle out, this honey of a teardrop,
but I hardened into wax, like a mummy in a kiosk,
The double that betrayed me drifted off into the morning:
neat, insectual and silky, taking off for home,
while the bees flew off to August, and now I fall asleep.
It's the tail-end of July, but the sorcery still lingers,
it returned me from my journey, overtook me in my flight,
always summer in July, in July it's always green,
depopulated Beeville like a downpour on a raft.

# ПАСХАЛЬНЫЙ КОАН

*А.Белкину*

Горло – не бублик, а крендель,
в горле завинчен вентиль
буквы, которой я поперхнулась.
Цензура сообщает спине сутулость
или солдатскую прямоту.
Узнику совести – свободу осанки!
Не спросите: что я этим приобрету,
я поеду с горы, подарите мне санки,
а то у меня не дом – аэродром,
всё куда-то взлетает с моей стоянки,
мне бы букву вниз протолкнуть как тромб.

С самолетов Земля – голова кругом,
с ракеты – месиво, на какое не взглянешь трезво.
Прыгаешь вниз – глядь, трясешься на карусели цугом,
прыгаешь вверх – глядь, всё человеческое исчезло.

В раковине рта булькает вода:
буква пробка кляп.
Сделать этот шаг, этот жест, этот ляп,
вынуть этот кляп, показать его народу,
спрятать концы в воду, а конек вдруг показать?

Но народ воспитан тоже, у него семья и дети,
и его пугать негоже даже частью буквы этой.
Улетает день в коляске, человечек в страшной тряске,
очень странные салазки, очень странная ракета,
и в разрезе воздух – вензель - как чугунная ограда,

# Easter Koan

*for A. Belkin*

A throat is not a bagel but a pretzel,
in my throat the thoroughly twisted valve
of a single letter has strangled me.
Censorship can make your back stoop
or stamp it with a soldierly direction.
To a prisoner of conscience, freedom of bearing.
Don't ask what I get out of any of this,
I'm leaving the mountain, hand me my toboggan,
but not for home, for an aerodrome,
everything flies off somewhere from my spot,
as if I could cough up my letter like a blood-clot.

From a plane the Earth is a whirling head,
from space a jumble you can't look at straight.
You jump down, presto, a quivering merry-go-round,
you jump up, presto, everything human is gone.

Water gurgles in the basin of your mouth:
the letter, stopper, gag.
To make this step, this gesture, this snafu,
to extract the gagging cork, show it to the people,
to hide the end in water, and show a sudden hobbyhorse?

But the people are well brought up, family and kids,
you won't scare them with a serif of this letter.
The day flies away in a carriage, the little fellow shaken up
the weirdest of toboggans, the weirdest rocketship,
and air in slices scrolled like a fancy railing,

и переступать не надо –

                        дыбом мост как конь ночной,
жилка бьется, и форель оставляет лед в прожилках,
позвоночник, стройный хвост, вздрагивает как ручной.
И за горлышко ведет на поводке
меня рыба во дворцовом городке
по пробору, по живому – по реке.

Я по крепости карабкаюсь назад,
до окошечка, что видит Ленинград,
до слепого, с линзой (вот он – акт сгущения стекла),
раскирпичивайся, воздух, чтобы рыбка проплыла!
И кремлевская стена легла Невой,
и, казалось бы, ныряешь с головой –

тихо буквы точно лодочки в сезон по озерцу
повезли свою поклажу по Садовому кольцу,
все повылезли из горла, на платформу из купе,
вот и воет в этом горле как в эоловой трубе.

there's no need to step across,
        a bridge upreared like a nocturnal steed,
a blood vessel beats, and a trout breaks the ice in my veins,
the spinal column, that well fashioned tail, shudders as if tame.
And the fish will lead me on my leash
past the bottleneck in the palatial city
along the parting, along the quick, along the river.

Along the parapets I clamber back
to a little window overlooking Leningrad,
to a blind man with a lens (a writ of thickening glass)
air break apart! let the fish swim through!
The Kremlin wall lay on the river Nevà,
And you dive, it would appear, straight from the head —

letters, little boats on their little lake precisely and quietly
in their season carried cargo around the Garden Ring,
everything welled up from my gullet spewed on the railroad quay,
and howls through this throat as through an Æolian pipe.

# КЛУБНИЧНАЯ ПЕНКА

Поролон клубничной пенки – репродукция счастья,
творившегося как пролог варенья.
Подлинник Моны Лизы со стенки я бы сняла в запасник
и писать не стала б стихотворенье,
влюбляясь в труд.
Все что не светится – не пересилит лени.
Будь у меня Гомер объяснить маршрут,
не чертила б я карту открытого моря, ютясь на шлюпке.
Взяв у гипсовой девки весло, вздернув парусом юбки,
я плыла бы за паклей, связующей бревна в сруб,
к большому буфету с запасом мышей и круп.
Будь у Гомера медный таз, керосинка, усы на грядке,
он бы розочку пенки клубничной взрастил на даче.
Можно жизнь любую построить в любом порядке,
Но золотое руно в ней должно маячить.

Отплывая от дождевых червяков и осиных гнезд
через таможни, где ключ отбирают и рвут амулеты,
я лечу, замечая, как тает на солнце воск.
Кобальтовый воздух по ночам означает лето.
(Ах, брызги зеленой крови летнего сладострастья,
цветастое платье кожи и браслет на запястье)
Клубничная пенка, розовый коврик у входа, пеленка,
в которой туземцы подкидывают ребенка.
Я не могу полюбить их наколок и пик
и ищу не выход, а очередной тупик,
где светится киноэкран, золотое руно-мираж,
было б оно одно, но и тут тираж.

# Strawberry Froth

The foam rubber of strawberry froth reproduces happiness,
brewed up as a prologue to home-made jam.
I might have removed the original Mona Lisa from the wall
                                                    into storage
and never begun to write verse,
falling in love with labor.
Nothing that does not shine will overcome indolence.
Be my Homer and explain the journey,
I could never design a map of the open sea, huddling in a dinghy,
holding the oar of a plastic virgin, skirts raised as a sail.
I'd have floated past the oakum clinging to a framework of timbers,
to a sideboard groaning with oats and mice.
Let's have Homer's copper basin, camp-stove, the whiskery edge
of a strawberry bed, as he might have cultivated
*la vie en rose* of strawberry froth at his country house.
You can make a life any way you please
but the golden fleece should loom fairly large in it.
Having sailed away from earthworms and hornets' nests,
I will fly through customs, where they seize the key and tear
                                                    away amulets,
and notice how beeswax melts into the sun.
Cobalt air means summer is coming.
(Ah, splashes of the green blood of summer's lust,
a gaudy leather dress and a bracelet on the wrist.)
Strawberry froth, a rosy rug at the entry, a swaddling cloth
for children abandoned by the natives.
I can not grow fond of their hairdos and spears,
I am not looking for the way out, but one more blind alley

Потому что светящееся окно оказывается квартирой,
а колдунья – женщиной в бигудях и еще – придирой.
Череп козочки с рогами глядит со стенки,
на нитке кораллы застывшей клубничной пенки.
Я дышу радугой кислородных трубочек
среди рогатых изобильем тумбочек,
и если есть какое-то леченье,
то это Крит, Калипсо, приключенье
назло компьютеру с глазами кролика,
я панцирем окостеневшей дрожи
хватаюсь за тускнеющую кожу
и не священника зову – историка.

with a shining silver screen, a mirage of the golden fleece
if only I could find a single one instead of myriads of these,
each shining window showing a bewitching *femme fatale* —
no, just a grumbling housewife in curlers. And a skull,
horned, of a small goat looks down from the wall,
coral beads of strawberry froth on a thread.
I breathe through a rainbow of oxygen tubes
in the middle of an abundance of horned night-tables.
Yes, if there is to be some kind of cure,
it will be Crete, Calypso, an adventure
to spit in the rabbity eye of the computer.
In my chain-mall of ossified trembling
I call, as I catch at the discoloring skin,
not for a priest, but for an historian.

## ПРЕ

Ты - Ниагара, я – Сион,
не то чтоб ты с меня как с гуся
вода: ты – аква-аквилон,
орел Аквила над Марлен-Манон,
во что играю я, так явно труся
перед игрой в бидуедублькуплет,
в насыщенный двоеньем запах прели
и прелести, тандема двух штиблет
Абраксаса, коль это брать в пределе?

Ты-я – ин янь – мы не слились в одну,
две Девы, брак лесбийский, где из двух
ты – пес, я лошадь.
С нами был пастух.
Ты к своре отошел, я к табуну.
И вот уже меня клюет петух,
а я лягаюсь –
то каменотес пришел к горе, он Магомет!
Наслышанность
все время порождает в нас сюжет.
Итак, я Среднерусская возвышенность,
и он не камень тешет, дёрн уже.

Я поросла травой, длиной превысившей
сосёнки корабельные, я *пре* –
платок на косы брошенный и выцветший,
что занавесом стал в моей игре.

# Pre(ter)

You are Niagara, I am Zion,
not that you roll off me like water off a duck's
back: you are aqua-aquilon,
        the eagle Aquila hovering over Marilyn Manon.
What I am playing as I clearly shrink
From the game into bidualdoublecouplet,
Into an odor doubly imbrued with mildew
And magic, the tandem of the two high boots
Of Abraxas, if it's taken to the very end?

You/I are yin/yang — not dissolved into one,
Two Virgins, a Lesbian wedding, where of us two
You are the hound, I the horse.
A herdsman accompanied us.
You went on the leash, I into the string.
And now a cockerel is pecking at me,
And I kick out —
That stonemason who went to the mountain — was Muhammad!
Familiarity with rumor
always gets us started on the subject,
thus, I'm a central Russian  eminence
and he's not cutting stone, but turf.

I sprouted grass, the preternatural
Length of shipmast pines, I am pre(ter) —
A kerchief tossed over braids and faded
That became a kind of curtain in my game.

О *пре*, прелюбодействие-прелюд,
фата воды, орел, клюющий печень,
но хвост петуший – огненный салют -
ночь засветил, салют тот вечен, вечен!

O pre, prelude to pre-emptive adultery,
A bridal veil of water, an eagle pecking at my liver,
But the cockerel's tail, a fiery fusillade
Lit up the night, fireworks forever, ever!

# САПФО И АЛКЕЙ

Прелестница и поэтесса Сапфо
могла ль любить соперника, Алкея?
Размером с дверцу платяного шкафа
пред ней стояло зеркальце, краснея,
когда в нем отражались губки феи.
Пред ней лежало зеркальце, бледнея
от белизны, как Зевс от Амалфеи.
Став линзою и мчась как автострада,
оно взопрело. Где молчат Орфеи,
там пела Сапфо, не сбиваясь с лада:
«Ты отражаешь, значит, ты отрада,
и значит, я на свете всех милее
и всех румяней, значит, и белее».
Зерцало ей в ответ: «Курлы-мурлы,
Алкей такие ль возносил хвалы?
Он говорил: Что я! Богини тень!».
Бунт зеркала, какая хуетень,
но Сапфо скаканула со скалы.
Алкей же, некрофил, кричал ей: «Сапфо!
Да я плевал на эту дверцу шкафа,
и что за радость в платяном шкафу!
Чтоб отразить тебя, мою Сапфу,
я изобрел алкееву строфу».
«Любила одного тебя, Алкей,
и если любишь, - донеслось из дали –
сапфической строфою овладей
и чтоб ее твоей предпочитали».

# Sappho and Alcaeus

Could a lovely woman, the poet Sappho,
Ever really love her rival, Alcaeus?
Suspended on a closet door,
Her little mirror took her measure,
Embarrassed, when it showed small faerie lips.
In front of her stretched the glass, paler
against her pallor, like Zeus with Amalthea.
Under the fast-lane scrutiny of a lens
It broke into a sweat. Where any Orpheus is mute,
Sappho sang, and never missed a beat:
"Reflecting, you admire what you see —
see, we are the fairest of them all!"
It glinted back at her: "Big deal, Alcaeus
Found nicer things to say, didn't he:
I'm nothing but the shadow of the goddess?"
A mirror's mutiny, a senseless prick,
But Sappho threw herself off the nearest rock.
The necrophiliac Alcaeus despaired, "Sappho!
What do I care about that cupboard door,
And what fun can I find in the armoire?
To mirror you alone, o Sappho mine,
See, I've invented the alcaic stanza."
"Alcaeus, I loved only you, and if
You truly love me —" came from far away —
Master instead the sapphic measure, make
My stanza much more popular than yours."

# К ТЫСЯЧЕЛЕТИЮ КРЕЩЕНИЯ РУСИ

Я с пишущей машинкой как с гуслями Боян.
Из SU в зеркальный US
как Папа в Ватикан
летит аэроплан, и вот что грустно:
арс лонга - вита бревис, и на Курский
ползет троллейбус, а зеркальный US
показывает нам свой джаз и блюз,
и ты в нем отражаешься, мой русский,
мой язычок-эксгибиционист:
erect-eject солист, великий житель рта,
любовник губ, захватчик ротозеев,
аэроплан вернулся к нам сюда,
и в сердце родины пустил стрелу Эрота
(не то что арс повынуть из музеев –
ее извлечь не могут полк плюс рота).
Мой принтер, цитра, в штате безэтажном,
ночном и летнем, вита кратче йота,
и с кем-то в сочетаньи эрмитажном
брожу по штату, где живут не строки,
а только то, что я считаю важным,
Курехин, Виноградов и Сорокин.
Им родина отдаться не спешит,
иммунодефицит ее страшит,
а у Земли во рту два языка,
сменяя звук древес на хеви-металл,
приперли в Ватикане старика
взрывной волной, а он о том не ведал.

# The Thousandth Anniversary
# of the Christianization of Rus

I play my typewriter like a legendary dulcimer.
From *SU* to the reflecting *US*
As the Pope rides his airliner
into the Vatican, here's what's sad:
ars longa, vita brevis, and the trolley
crawls onto the boulevard, while the *US* mirror
shows off for us its jazz and blues,
and you are reflected in it, my Russian language,
my tonguelet-exhibitionist
*erect-eject* soloist, great indweller of the mouth,
lover of lips, invader of slackjaws,
the airplane returned to us here
and into our homeland's heart shot Cupid's dart
(not what ars will ravish from museums —
brigades and regiments can't shake it loose).
My printer, zither,  on a summer night,
vita shorter by a dot, in a one-story state,
with someone mixed up with the hermitage
I  roam around where lines of poetry don't live,
but only what I think significant,
Kuryokhin, Vinogradov, and Sorokin.
The homeland, frightened by immune-deficiency,
Makes no haste to surrender to them,
And two tongues in Earth's mouth,
The changing sound of wood to heavy-metal
Drove at the old man in the Vatican
With an explosive wave, but he witted not at all.

# ПИСЬМО СОВРЕМЕННИКУ

*Д.А.Пригову*

Вы складываете в сундук
как театральные одежки
литые бронзы всяких мук,
как части речи, так и крошки.
И груды мрамора ее
спускаете в подземный люк,
и оттого у нас метро
роскошней городских лачуг.
Я Вам приписываю роль
ну вроде демиурга в пьесе,
где текста нет, а есть пароль,
неконвертируемый в прессе:
«Метро, откройся», скажем. Ба!
Да Вы и есть Али-баба.

Энергокризис. Ни души.
Потенциал лежит в шкатулке.
Ее Вам сунули: «держи»,
пока богов вели с прогулки.
И Вы стоите с ней как Ной,
а люди, не жалея поту,
словам давали смысл иной,
чтоб вызвать, наконец, зевоту.
О памятники слез, мочи,
слюны, всех наших отправлений!
И говорили Вам: «молчи»,
здесь пишется стихотворенье.

# Letter to a Contemporary

*for D. A. Prigov*

You pack into a trunk
the cast bronze of each and every torment,
parts of speech and crumbs
like little theatre costumes.
You drop through the trapdoor
of its marble breast
and that's why we have a metro
of lavish urban slums.
For you, I'm writing in a role
like a demiurgos in a play —
no text, but lines to say,
unprintable after all:
"Open, Metro," there, *voilà*,
And there you are as Ali Baba.

An energy crisis. And not of the soul.
Potential in a casket.
They gave it to you — take it!
while the gods go for a stroll.
And you stand with it like Noah,
while people, hardly sweating,
gave words a different meaning
to provoke, at last, a yawn.
O shrines of tears, of urine,
of slobber — all our functions!
While they told you: hush,
here poetry is written.

На Вас пора смотреть как на
героя, на протагониста,
но пьеса не сочинена,
и я могу писать Вам письма.
Ура, мы живы, хорошо,
но пьеса пишется, могли бы
на ход ее влиять еще
не авторы, но прототипы.

It's time to see you as
protagonist, as hero,
if the play is not yet written,
I can still write you a letter.
Hurrah, that we're alive!
We're the models not the playwrights
who will keep the writing going
of the play that's yet to come.

# NO SMOKING!

Программа на завтра: не курить, не кури, брось курить.
Пусть перед государством ты бессилен,
глубоководен и голубожилен,
но ты кузнец здоровья своего.
А что поэты – мак и конопля,
дурманят и дурманят. Вспомни, вспомни:
одна строка – а людям вечный кайф,
подумай же о них. Думай. Думай о людях.
Программа на завтра: английский язык.
Юнайтед Стейтс, как много в этом звуке
для сердца русского, на этом волапюке
не квакается как в родном болотце.
Мне как-то не приходится бороться
ни с недостатками, ни даже с катастрофами,
все борются, а я сижу вот тут,
трусливому здоровью смелость духа
противопоставляю – и курю.
Но правотой своей я не кичусь,
что капля никотина может лошадь
я знаю, и на лошади той мчусь.
Не дай вам Бог меня опять тревожить,
несбывшимся здоровьем укорять
и будущим страны дразнить и ободрять.
Конец перекура. Программа на завтра:
сигарету в час, сокращая до десяти в день.
До чего ты докатилась, русская литература!
Вот так разнервничаешься и опять куришь,
хотя только что…

## No Smoking!

Program for tomorrow: Stop smoking, no smoking, quit.
Maybe in the face of the state you are impotent,
flooded deep and blue-blooded,
but you are the smith of your own health.
And what are poets — poppy and hemp,
they drug and drug. Remember, remember:
A single line is an eternal high,
Think hard about it . . . think of all the people.
Program for tomorrow: learn English.
"U-ni-ted States," how much in that sound
for a Russian heart — in this Esperanto
it doesn't croak as in its native swamp.
Somehow I've never had to make my stand
against insufficiencies or catastrophes
everyone else is struggling with, here I sit,
against the cowardice of health I oppose
the soul's audacity: I smoke.
And yet I don't parade my purity,
what a drop of nicotine can do to a horse,
I know, and gallop headlong horseback.
God forbid you should worry me again
with the criticism of impossible health,
with the twit and swindle of the country's future.
End of the cigarette-break. Program for tomorrow:
a cigarette an hour, cutting down to ten a day.
You, Russian literature, how low have you sunk!
See how you fall apart and light one up again,
although only. . . .

Только что бабушка учила меня русскому языку
и хорошим манерам, дед читал Пушкина, Есенина, Блока,
а мама сказала: собери игрушки в ящик –
и уже говорит: не кури.
Только что всё было тихо,
я писала программу на завтра, и было это вчера,
но я пишу на завтра, иначе я не только не проживу,
но даже не буду знать, что надо было жить,
и умру без уверенности. Что на Земле есть жизнь,
Что у нее есть Бог, что мы не одиноки во Вселенной.
Эти знания, по-видимому, еще пригодятся.
- Голос Америки из Вашингтона. Извините, что мы Вас
  перебили.
- Ничего. Мы всех вас перебьем, если вы нас перебьете.
  Так сказал Заратустра.


Все говорят, что никто не спасется, но я думаю, что кое-
кто спасется. Кто не пьет, не курит… Не кури. Ну можешь
ты не курить хотя бы сейчас, когда над миром нависла
            ядерная угроза.
Программа на завтра: английский язык. Я сделаю этот
первый шаг в протягивании руки дружбы Соединенным
Штатам Америки, заговорю с ними на их родном языке.
Может быть, тогда они поймут, и на Земле будет то что
надо. А курить я буду, потому что у человека должна быть
слабость и некоторое заблуждение.
Прослушайте программу передач на завтра и вам там
скажут то же самое.

Only that Grandma taught me manners and Russian,
Grandpa was reading Yesenin, Pushkin, Blok,
while Mama said: Put away your toys
and still says: Stop smoking.
Only that while everything was quiet
I wrote a program for tomorrow — yesterday.
But I write for tomorrow, otherwise I can't survive
and will not know that living was imperative
and will die with no assurance. That there is life on Earth.
That it has its God. That we are not alone.
This knowledge, clearly, could still come in handy.
— The Voice of America, dateline Washington. Excuse the
interruption.
— That's okay. Interrupt us, we'll interrupt right back. Thus
spake Zarathustra.

   They all say no one will be saved, but I think some will be.
Those who don't drink, don't smoke ... Stop smoking. Can't
you at least stop smoking now, when nuclear threat is hanging
over the world!

   Program for tomorrow: Learn English. I'll take the first step
in extending the hand of friendship to the United States of
America, I'll start talking to them in their own language. Maybe
then they will understand, a necessity on Earth. But I'll keep on
smoking, because a person needs a weakness and some kind of
pipe-dream. Listen to tomorrow's program broadcast and you'll
hear the same thing.

Не знаю, не знаю, какая там вита нова,
какая нью лайф,
не дожидайся отлова,
голосуй батискаф:
не может рыбак
любит рыбку сырой и здоровой,
это только собак дрессируют на благо собак
(было бы жаль болонку, которая одичала).
Раз начавший сначала начинает все время сначала,
то есть кадровая чехарда.
Нож в спину (наносится как всегда
жертвой фрустрации) — то и скука,
опять аборигены съели Кука,
опять ты это правильно пойми,
о рыбка, о рыбак, о друг наш сука,
не заводи ни государства, ни семьи.

I don't know, I just don't know about
any vita nova there, any nouvelle vie,
don't wait around for opportunity —
give the diving bell a shout:
the fisherman can't really love
the dripping, flapping, vigorous fish,
it's only hounds they train as hounds
(pity the abandoned lapdog).
Once begun, begin at the beginning of beginning,
that is to say, a regimented leapfrog.
Frustration's victim suffers from
the usual betrayal: boredom,
again the natives dined on Cook,
again you'll understand by the book,
o fish, o fisherman, o our bitchy friend,
not work, not government, not kin.

*Саше Еременко*

Не орел не решка – значит, вопрос ребром,
не король не пешка – значит, и ход конем,
хиты истории повторяются не дословно.
Мне декабрь подкинул, вспылив – бескровно
снятую шкурку вытершегося овна,
золотого, живого, но шкурку сперва, конверт
с козырным королем внутри, с погашеньем марок,
на которых крыша, жена, приварок
(им – привет!),
паспорт, товарищи, лучший подарок.
Значит, в моем садке шелкопряд для Парок
новый подрос, и вплетают Парки
паутину «гознак»
в краснокожую паспортину, чтоб дать мне знак:
без тебя и с тобой, золотой мой волшебный овен,
час неровен.
Уподобленья барану и агнцу здесь нет,
но и им – привет,
ибо марка, монетка, карта и крестный ход
обороткой имеют ход зверем, язык, рубашку, Сашку
и плановый, так сказать, приход.

*for Sasha Eremenko*

Not heads not tails — this means right on edge,
not king not pawn — this means a knight's gambit,
the hit songs of history are replayed not verbatim.
To me Dekember has tossed, flipped the bloodlessly
skimmed skin of an exhausted ram,
golden, living, but from the beginning a skin, an envelope
containing the king of trumps, canceled stamps,
with a roof, a wife, a hot meal
(hello to them)
a passport, comrades, the best gift of all.
This means, in my little garden a new silkworm of the Parcæ
has grown up and the Parcæ weave
the spiderweb "GovMint"
into a redskinned pestport, just to give me a hint:
with you and without you, my magical golden ram,
the times are uncertain.
Here there's no comparing ram and lamb,
but hello to them,
so a stamp, a coin, a map and a procession
twist the number of the beast, a beak a shirt, a flirt (Sasha)
and, so to speak, a tryst.

# РОЖДЕСТВЕНСКИЙ КОАН

*из романтического театра и*
*жизни Генриха фон Кляйста*

Красную жидкость, над краном склонясь,
пили актриса и князь.
Князь был в дубленке – на выходе,
на выходе и актриса
в шубейке из черного крыса,
оба трезвехоньки, но в прихоти
пригубления красности.
В наши дни жизнь стоит вне опасности,
всё в ней – красочность: СПИДа вот, в частности,
базилик, президентов анфас.
В ванной над краном склонясь,
главное – актриса и князь!
Мирно посвёркивал кафель,
но что-то случилось, будто бы крышка
отворила драконову кровь,
а не спирт из флакончика «Элексир для зубов».
Наступал год дракона, знатоки говорят, что дракон
страсть и ужас вполне мог запрятать в обычный флакон.
Пригубив же, актриса и князь
договорились, в отличие от глав государств,
которые договорились оружие
(здесь не так важно что)
уничтожить - оружие это достать
и выстрелить в сердце друг другу
в красивом пейзаже, подобном весеннему югу.

# Christmas Koan

*from the Romantic theatre and life of Heinrich von Kleist*

Leaning over the tap, actress and prince
imbibed a red liquid.
The prince was in doublet — on his way out,
on her way out the actress
in a black ratskin jacket,
both sober, but whimsically ready
for a taste of the red.
In our days life is beyond danger,
everything imbued with color. AIDS, for instance,
basilicas, and presidents face to face.
Leaning over the bathroom tap,
nothing more important than actress and prince!
The tiling twinkled in tranquility,
but something happened, as if the lid
suddenly revealed a dragon's blood
instead of booze from a flagon of "Tooth Serum."
We've entered the Year of the Dragon, and experts say a dragon
can contain fear and horror in an ordinary flagon.
Having sipped, prince and actress
agreed (distinguished from those heads of state
who agreed to disarmament — never mind whose)
to draw their arms
and shoot each other through the heart
in a landscape lovely as a southern spring.
This duel, this way out, this lid, this (first) taste of blood,
this sobriety, ram and rat are all signs, emblems.
Three years, and we'll answer the dragon's triple six.

Эта дуэль, этот выход и крышка,
при (как перво-)губивший и кровь,
эта трезвость, барашек и крыса – всё знаки, отметины.
Года три – трем шестеркам драконьим ответим мы.
О князьки и актриски земного театра,
мы последняя ваша любовь!
Вседержители слов, мы отныне у вас отнимаем
весь словарный запас,
чтобы вы не сказали: мы *всё* понимаем,
и значит, что спрашивать с нас.

O little princes and actresses in this earthly theatre,
we are your ultimate love!
Omnipotents of words, we hereby deprive you of
your wordbook and thesaurus,
so you won't say: We understand it all,
that is, to answer for us.

# Selected Poems

# ИКАР

Говорили: не летал бы к Фебу,
больно падать будет свысока,
крылья расплываются по небу –
облака…
А внизу обрыв, еще обрыв и
по камням бегущая река,
май, и расступившиеся сливы,
и рука
обломилась словно ветка в цвете.
Где Икар? – последнее – Икар! -
отлетело как воронье *кар,*
и Дедал застыл на табурете,
голову держа руками: стар,
слишком стар, чтоб погибали дети.

# Icarus

They said: He'd never fly to Thebes,
too painful to fall from such a height,
the clouds
spreading their wings all across the sky. . .
But the cliff below, again the cliff and
a river running over stones,
May, plums splitting open
and the hand
pulled to pieces, like a branch in the light.
Now where is Icarus? — later — Icarus! —
Flown off, like a raucous black cry,
and Dædalus on a campstool stiffened,
head buried in his hands — old,
too old, to have his children die.

## РУСАЛКА

Я русалкой иду, как скрываются в дождик в плаще.
Я на берег всегда выхожу в золотой чешуе.
Скажут: вот море плеснуло блеснуло хвостом при Луне.
И тысячеглазый увидит подобье во мне.
Город, город, ты стар, и в очках разбираешь едва,
что у дара в руках покрова на меня и права,
и как он по чешуйке снимает с меня чешую,
как бестрепетно я и как нежно на свете стою.
И чешуйки ложатся в сосуд целокупный из Фив.
Ветер долог, полет его медлен, и воздух красив.
Как снежинки летят, как чаинки – мой строгий наряд.
Скажут: видите, море сверкает, и чайки парят.

# The Mermaid

I make my way as a mermaid,
as they wrap themselves in raincoats and a light rain,
I am always going out in my golden scales onto the shore.
They will say: here's the moonlit sea splash-flashing
    under my tail
The thousand-eyed will see its likeness in me.

City, city, you are old and you barely fill the eye
In the hands of the Gift I am covered and held,
how it strips scales from off my scaly skin,
how brave and tender I stand in the light
    of the world.

And the scales float onto a merchant vessel
    from Thebes.
The wind is long, lovely the air, slow in its flight.
They drift like snowflakes, like tea-leaves —
    my stiff attire.
They will say: Look, the sea sparkles and gulls hang
    in the air.

# ТАЛЛОМ

*Таллом (слоевище) – тело низших растений и грибов, не
расчлененное на стебель, листья и корень.*
(Энциклопедический словарь)

Говорить на чужом языке, не зная грамматики,
подбирая слова в предвкушеньи их смысла и связи:
Поэзия! Месопотамия! Архипидекс!
Сколопендра в Китае скитается в поисках Азии.
Дура закона сгущает отсутствие. Lex.
В паскудине яйки лежат, вылупляясь в галактики.
Волшебная бяка, на жабском арго брекекекс.
А что еще белого с сахарной снежностью Арктики?
Заговорное слово – словёный талломовый текст.

Buon giorno мажорно посылаю фиаско с оказией
там порно не порно, а смотришь подзорно в трубу,
а там адаманты, мутанты и tante
голых племен эндебу.
Племен и племянниц танцованный танец
понтовые панты рогов
рыгаю рыдаю робею скорбею и имя меняю на кров.
На кров на кровати чего там скрывати
в кровати лежит человеческий род,
друг друга мутузит чумазит валтузит
сей семиотический скот.

Последнее слово в талломе – желай слоевищу
какой-нибудь новой не употребляемой связи
туда порошка таблеток капель и мази
и на жар – приготавливать плотоядную пищу.

# Thallus

*thallus: the undifferentiated stemless, rootless, leafless plant body characteristic of thallophytes.* (American Heritage Dictionary)

To speak someone else's tongue in syntactical ignorance
collecting words for the joy of connection and sense
Poesy! Mesopotamia! Achipidèx!
Skolopendra goes by the Gobi questing for Asia
the jester of law condenses its absence. Lex!
Egglets in filthiness lie, leaking in galaxies
(magical bogey, in bog lingo "brekekekex")
And what then of Arctic sugar-white snowiness?
The word of enchantment's caught up in a thallophyte text.

Buon giorno and more now — a flagon I tag on the case:
There porno's not porno, but pore over what's in the spyglass,
tantamount to an adamant mutant band tarantella
of undressed bacchantes standing and dancing
the shamanist dance of a tribal hierophant
sporting antlers of horn
I quail I rail I roll and I roar, and I turn in a name for a roof
A roof a bed instead where the whole of the human breed
lies cowed under cover, the same semiotic herd
dirtying stirring up shirting beshitting each other.

The last word in Thallus: a simple wish for a stipe
something so new it needs no connection at all
and throw in a dash of powders of tablets a drip
of grease — on the heat, to cook up a meatier meal.

# НАТЮРМОРТ

Дзынь-бум-хрясть:
тут упасть или там упасть,
семя чувствует почву как жадную пасть.
То ли падать не надо, а надо стоять
как последняя проросшая в воздухе белая травка,
и безумный гравёр, с золотыми чернилами Кафка,
пишет: «семенем сим удалось непорочно зачать».

А семя дзынь-хрясть-бум:
отправиться наобум
то ли к этакой матери, то ли к эдакой матери,
то ли плыть сиротой на подветренном катере,
оазис – ура! оазис – ура!
Всё какая-то мура.

Хрясть-бум-дзынь:
мать моя – солнце родом из желтых дынь,
отец – бумеранг месяц лунный олень,
между ними – евклидова параллель:
il – отражение il, elle - отражение elle.

Семя, которое как мотылек, как форель
бьется бьется о свет фонаря,
запертое за стеклянную дверь…
Натюрморт: тьма египетская в базарный день.

86

## Still-Life

Zing — Boom — Snap:
drop here and there drop
the seed senses the ground like a greedy trap.
Whether it needs to fall, it needs to stay put
as the uttermost prophetic white grasslet in the air
and kafka, with golden inks a crazy engraver
writes: "The seed succeeded, conceived immaculate."

The seed  Zing — Snap — Boom:
sets out at random
either toward this mother or that mother
or swimming orphaned toward a leeside cutter:
hurrah, an oasis! hurrah, an oasis!
And all of it a mess!

Snap — Boom — Zing:
my mother's a sun descended from yellow melons,
father a boomerang of moons a lunar elk,
between them a euclidean parallel:
*il* mirroring *il, elle* mirroring *elle.*

The seed, mothlike, like trout
knocks knocks against the lantern's light
locked behind a glass door . . .
Still-life: pitch dark on market day.

Что на том свете чувствует абрек,
противишийся всем смертельным дозам?
Что он крепыш из племени калек,
с разжиженным, но не прокисшим мозгом,
что он наговориться бы не мог
на языке тех светов; что планида
планете – как коням морской конек,
засушенный на том конце евклида?
Он на своем коньке пылит в волнах,
поскольку море тоже пересохло.
На том-то свете он, конечно, прах,
хотя ему там, может, и неплохо.

What does an Apache feel in the other world
once he's survived every mortal venom?
That he's a tough guy from a clan of cripples
with a thinned-out, but still uncurdled brain,
that he is incapable of incantations
in other worldly tongues, that plans
for the planet are like a sea-horse among horses,
preserved for parallel Euclidean ends?
Riding his own hobby he kicks up powder
along the waves of an ocean just as dried.
Of course, in that other world he too is dust.
But for him, you know, that might not be so bad.

# ПОЭТ И ЦАРЬ

*Если не был бы я поэтом,*
*то наверно, был мошенник и вор*
С.Есенин

Я бью головой о стенку бутылки «Плиски»*
пьяненькую осу,
я хочу ударить.
Это не лагерная «прописка», не оборона страны,
не кровная месть, не небесная кара
за ее враждебную нам стезю,
этой животной, наклюкавшейся в зюзю.
Я хочу ударить – да хоть вот этого экземпляра,
но бью не их, которые пили,
но бью не тех, кому не досталось,
я убиваю джина на дне бутыли,
хоть это не джин, а плиска, и не шаг, а шалость.

Она через темную башню с «Плиской» на дне
смотрит как княжна Тараканова – на мене.
Я бью ее по лицу бутылкой
как императрица Екатерина,
все начинают ссылкой могущей ужалить осы
в мысленную бутылку (например, Бутырку),
но нужна мякина,
ибо никто не заслуживает пинка.
Я хочу ударить
суку выскочку дурака белого красного и фашиста
русофила жида совка негра педика анашиста
проститутку вора царя председателя райисполкома

# The Poet and the Tsar

*Had I not been a poet, I surely would
have become a murderer and a thief.*
Sergey Yesenin

I knock the head of a drunken wasp
against the inside glass of a brandy bottle.
I need to beat up on something.
This isn't interrogation or national security
or blood-lust or divine retribution
for the implacable hatred
of a plastered bug.
I need to beat up on something —
anything at all, for instance, this wasp.
I don't beat up on my drinking buddies.
I don't beat up on this one who can't get a drink.
I kill the djinn at the bottom of the bottle
(but brandy, not gin, and just as a prank),

From her dark tower flooded with brandy
the wasp gazes at me like the Princess Tarakanova.
As if I were Catherine the Great
I knock her face against the glass:
It all begins with the exile of a stinging insect
into an imaginary bottle (call it the Jug)
but we need some kind of lure
for no one deserves a kick in the ass.
I need to beat up on something —
a crook a yuppie a retard a honkie a commie a nazi
a kike a mick a spick a nigger a fag a druggy

и воспеть святого
мученика
богатыря –
другими убитого насекомого.

a whore a burglar a tsar a two-bit mayor
and sing the praises of

a saint

a martyr

a shining

knight
of one bug finished off by the other bugs.

## ВИДЕО

Век памятников, век консервов,
век в пленках движущийся, меченый,
жить в жизни – не хватает нервов,
но наконец ты, человек, вечно
оттянешся, и даже круче
(небесно ж царство!) чем в обыденьи,
на видеокассете включенный
в систему мира, в теле виденья,
в своем же теле, и в рубашке глаженой
от всех напрягов как герой дашь дёру,
ты можешь в Белом Доме, подколлажившись,
пройти по золотому корридору,
ты можешь сам – подряд или на выбор –
кидаться в море скит гарем и сауну,
с кем жить ты должен был – ты взял и выпер,
здесь всё на раз, и ты судьбе хозяином.
Ты имя соус и дизайн консервов –
всё выбираешь: сортность, брит-не брит,
в конвейерах петлять – не хватит нервов,
а за семь дней кто ж мир не сотворит!

# Video

An age of memorials, conserves,
an age in moving pictures, stigmatized,
to live a real life — we don't have the nerve,
but at last you, one of the age's little guys,
pull away forever — a hell of a lot better
(a heavenly kingdom) than in reality —
onto videocassette, integrated
into a world system, into a telling vision,
in your own person and a pressed shirt,
you split the whole upright turf, edited in,
you can strut along the golden corridor
of the White House as hero of the scene
in proper sequence or any way whatsoever —
you can throw yourself in the sea a harem a bath a monastery
you can kick out your life's companion, your lover,
everything is provisional, you your own fate's master.
A nickname a salad dressing or a jar of conserves,
you choose it all — what brand-name, straight or curled,
dodging the sprockets unhinges the nerves,
who can't in seven days create the world!

Весь город озарен влеченьем,
все улицы – мои следы,
дома как теплые печенья
вбирают запахи среды.
К зеленым нервным окончаньям
кустов добавились цвета,
средь них бордовый – цвет печали
и всякая белиберда.
Вдруг город гаснет, вдруг, воочью
он, только что еще живой,
стоит, обуглившийся ночью,
днем – как покойник, восковой.
Смотрю в чужие окна, лица,
и со знакомого пути
сбиваюсь – может, в Альпах скрыться
иль как Суворов - перейти.

The whole city seductively lit up,
all the streets are my footsteps,
the homes like warm baked goods
absorb the odors in the air.
Shrubbery flowers add color
to the verdant nerve-endings —
wine-red the tincture of sorrow
and all kinds of white nonsense.
Suddenly the city is extinguished,
suddenly just this minute alive,
it stands incinerated in the night.
By day it is corpse-like, waxen.
A foreigner, I look at windows, faces,
and slip away from the familiar streets,
maybe to find refuge in the Alps,
or, like Suvorov, cross them.

И рыбку съесть, и кости сдать – ведь в этом счастье.
Любитель гурий хочет в рай попасть – в объятья.
Дар всеми глазками моргнуть одновременно –
ведь это преданность любви, а не измена.
На многих стульях посидеть, раздеться летом,
чтоб и растратить, и сберечь – ведь радость в этом,
пройти в игольное ушко, где все возможно,
себя оставив в черном ящике таможни.

And to eat fish, spit out the bones — there's happiness for you.
The houri's paramour wants to fall into the embrace of paradise.
What a gift — to blink with all your eyes at once —
there's love's devotion for you, without any betrayal.
To eat your cake and have it too, shuck clothes in summer,
to get and spend — sure, there's pleasure in that,
to pass through the needle's eye, where everything's possible,
having dropped yourself off in the black box at the border.

# БАЛЛАДА О ШЛИРЗЕЕ

Я оцеплена холодом Альп,
в них скорее лучи догорают.
Здесь какой-то решительный скальд
поселился, свой век добирая.
Его мучили страсть и вина,
его мучили лето и осень,
и любимая вроде жена,
и любимая. Вот он и бросил
городскую плетеную жизнь,
лошадиных подков на рассвете
одинокое цоканье, бриз —
обнимающий издали ветер.
Скальд ушел, смастерил себе кров,
возле озера выбрав ложбину,
лапы елям повырубил, дров
навязал на бессрочную зиму.
День за днем он расписывал дом,
вспомнив старые саги и сказки,
всё о том же, всё было о нем,
и в листа попадали все краски.
Расписные дома. Озерцо.
Городок. Защищенные лица.
Я узнала бы скальда в лицо.
Повторяясь, история длится.

## Ballad of the Schliersee

I am surrounded by Alpine cold
where all too soon sunbeams burn out.
Here a certain determined skald,
collecting his century, settled down.
Guilt and fear tormented him.
Summer and fall tormented him
and likewise his beloved wife,
his beloved. Here he abandoned
the warp and weft of urban life,
the lonely clatter of horseshoes
in the morning light, the breeze —
the wind that embraces from far off.
The skald went off, constructed shelter,
picked out a hollow near the lake,
cut spruce and stacked his firewood
for the endless winter's sake.
day after day adorned his house,
remembering sagas and fairy tales,
what they were about, he was about
and all his colors fell in the leaves.
Painted houses. A little lake.
Faces turned away. A town.
I would have known the skald by sight,
Over and over, the tale goes on.

Прощай, прощай, поэзия,
российский двор, порожек,
прощайте все претензии
на то что Бог поможет.

Душа – сплошная ссадина,
и в бездне унижений
свело ей мускул пряденый.
Прощай же, пораженье!

Прощай, домашний оберег,
любовь, счастливый полюс,
я недопела в опере,
я потеряла голос.

Как с чучелом обвенчана,
из миски пью до донышка,
мне чудилось быть женщиной
да завести ребеночка.

В Берлине стенка рухнула,
всех перетасовала,
смела, убила, стукнула.
Я вышла в тень провала.

Прощанье ритуальное –
прощанье понарошке:
"прощай" – итог, испарина,
заклятье черной  кошки.

Poetry, farewell, farewell
Russian threshold, household close,
farewell to any claim at all
that God can be of help to us.

The soul is one unbroken wound,
an in its bottomless degradation
woven muscle is cramped and bound,
farewell also, subjugation!

Farewell, that homely amulet,
love, magnetic pole of joys,
my aria left incomplete —
before the end, I lost my voice.

See how I drink the chalice dry
As if I were a scarecrow's bride,
I played at being woman — I
even seemed to bear a child.

The Berlin wall has tumbled down,
and brought down everything we know,
swept, annihilated, gone.
And through that gap I pass to shadow.

A farewell rite well orchestrated —
Or maybe not so grave as that:
"Farewell" — that's it, evaporated,
magicked away by a black cat.

Меня убивает бессилье
пчелы, что осталась без улья,
что тьма сколдовалась из сини
и то что меня обманули.

Цветов навидавшись до ряби,
пыльцою набита как пылью –
ее б претворить по-приапьи.
Как русский уча: "рыбы плыли",
я всё повторяю: ее бы
в секрецию света, в янтарный
густеющий всплеск, без микроба,
без пены, без дыма, без раны.

Ее бы в медок на розетке
на дачной террасе за чаем,
дед с бабушкой: "На тебе, детка",
а я: "не хочу", – отвечаю.
И я не хочу и не буду,
мой выбор пока беспределен,
заставы, побеги, запруды,
душа еще как бы не в теле.

И вот наступает мгновенье,
где всё окончательно, ясно,
нет проб и ошибок, сомнений,
всё так, а не эдак, и баста.

I am slain by the impotence
of a bee deprived of its hive,
in darkness decanted from the heavens
and as the victim of lies.

Dazzled to distraction by flowers,
stuffed with pollen like sawdust —
as it were a priapic metamorphosis.
Like learning a rote-lesson of clichés,
I repeat it all: as it were in the flower's
secretion, in a congealing splash
of amber, antiseptic, without bubbles,
without smoke, without a gash.

As it were a little honey in a pot
set out at tea-time on the patio,
Grandpa to grandma, "Sweets for the sweet,"
but my answer is, "Thank you, no."
What I don't want I won't take,
my choice for now is absolute,
barriers, evasions, dam and dike,
my soul still somewhere out of body.

And here at the onset of an instant
everything is perfected clear as glass,
no hesitation, error or experiment,
it's all just so and thus, basta.

Говорят, если гложет тоска, измени
дом, страну, гардероб и прическу.
Я уже, и еще лик на облик страны
поменяла, и гвоздь на загвоздку.
В душный погреб души отнесла узелок
с небольшой, но весомой поклажей.
Кофе выпила, съела печенье, глоток
заглотила, наклюкалась даже.
Переставила мебель, сменила замки,
долго плешь проедала в народе,
отвечала на зовы судьбы и звонки,
всё напрасно – печаль не проходит.
Средства есть теперь всякие: от, как и для,
от разлуки с любимыми – тоже.
Я хочу быть с тобой до последнего дня
и потом, и потом, если можно.

They say if longing gnaws at you, change
your house, your country, your hair-do and your flag.
I've done all that. And even changed a likeness
for the look of a new land, a nail for a snag.
I have dragged a bundle of inconsiderable
but weighty baggage into the cellar.
I've downed my coffee, eaten the pastries, drunk
my drink, even finished off the bottle,
moved the furniture, changed the locks,
and long since had my fill of the public,
answered the call of fate and the doorbell,
all to no purpose — sorrow takes no hike.
There's a cure for everything: "from" as well as "for,"
for a separation from loved ones — that too.
I want to be with you until the very last day
and afterwards. Afterwards, if possible, with you.

Надежда умирает не последней.
Любовь и в коме дергает крылом,
Копытом или вот еще намедни
Пошевелила сломанным стеблем.
А первым рейсом отлетела вера,
И долго пустота держалась на плаву,
Пока цветной платок ее не выцвел в серый.
Над пропастью во ржи, под насыпью во рву,
На черствой, перекошенной лужайке
Последний одуванчик рву,
И точка, удаляясь в стайке
Всех запятых, что были до нее,
Не оставляет хвостика, схватиться
Мне не за что. Ни морга, ни больницы,
Ни дна, чтоб лечь на дно.

Hope is not the very last to die.
Love even comatose twitches a wing,
a hoof or look just the other day
how a broken stem was quivering.
But faith hopped on the first flight away
And emptiness floated on and on
before its bright dress dimmed to gray.
Over a precipice into the grain,
Under an embankment in a ravine,
On a cruel, distorted parkland
I rend one lingering dandelion,
and a full stop, moving off in a flock
of commas that swarmed around it,
leaves no tail behind, to be siezed
for no good reason. No morgue, no hospital,
no abyss, to fall into the abyss.

## ЖИЗНЬ БЕЗ ТЕБЯ

Жизнь без тебя заброшенна, убога,
недорога и просто недотрога,
кошмарносонна как ларек в Ельце,
продорогнута в холодном пальтеце,
бесчувственна, безаппеляционна,
и страшный суд, вершимый каждый миг –
лишь скучная мичуринская зона,
где степь да степь да друг степей калмык.
К чему ни прививайся, к розе или
к советскому дичку,
я всё как лошадь, загнанная в мыле
под стать качку,
который бицепс воли накачает
и терпит вновь
жизнь без тебя, в раздоре и печали,
моя любовь.

# Life Without You

Life without you is neglected and wretched,
cheap and as much as untouchable
nightmarish like a general store in Podunk,
chilled to the bone in a cold little coat,
hard-hearted and pitiless,
a terrible judgment, handed down every minute —
a fruitless, uninteresting hothouse
of barren steppe and the barbaric steppe-rider in it.
Engraft yourself onto what, the rose or
the Soviet wild fruit
and just like a horse whipped to a lather
I am suited to the lurching
that flexes the biceps of free will
and suffers anew
life without, in discord and in sorrow,
my love, you.

# МАРАФОН

С какой неохотой я ставлю задачу
начать марафон одиночества.
Сижу за столом, пью Cointreau и не плачу,
мне ничего не хочется.

На предложенья заботливых граждан
развеять развлечь расслабиться,
я отвечаю честно и важно:
мне ничего не нравится.

Знаний полно: надо жить и работать,
не унывать от бешенства,
жизнь принимать как плохую погоду
и никогда не вешаться.

Не говорить «как мне плохо», напротив,
улыбаться: как здорово,
что города возвели на болоте,
что существует «Скорая».

Но неуклонно в ночном беспросветье
вперед выдается гласная:
«я» – быть в забеге одна на свете
не согласная.

## The Marathon

How unwillingly I begin training
for the marathon of loneliness.
I sit nursing my Cointreau, no whining,
there's nothing at all I miss.

To the proposal of concerned citizens
that I let up, let go, let be,
I answer as earnestly as I can
Nothing at all amuses me.

Full of meaning: one must live and work,
not let rage bring one to grief,
take what life brings like lousy weather
and never ever weigh oneself.

Don't say *I feel like shit*, on the contrary,
smile (cities rise from dung)
everything is hunky-dory,
(you can always dial 9-1-1).

But steadily through the night's pitch-black
One vowel pulls ahead in the run —
"I" — not consenting on the race-track
of the world to be alone.

"Orchidée noire, les yeux du caviar russe".
Est-ce moi? Le ballet "Lac des cygnes".
Moi, toujours Odile, Lilith, ce qui pousse
aux coeurs percés, même plus.
Le mien – le premier qui saigne
en achevant la phrase
dure, tout comme ton peigne
qui plûtot – rase.

# Black Orchid

"Black orchid, eyes of Russian caviar."
And is that me? Dancing in *Swan Lake*?
Always Odile, Lilith, the one who grows
in lacerated hearts, and even more.
Mine is the jeune premier who bleeds
just when he achieves
the hardest phrase, just like that comb
of yours, that shaves.

## AUCUNE NOUVELLE

Aucune nouvelle, mais je sais qu'il n'y a rien de grave.
Tu aimes le prince beige, tu es aimée par le rose.
Lui, il veut préserver ses caves, ses greniers lui
posent des problèmes. Je me lave
les mains afin qu'elles soient moins aimantes.
Et propres: tableau éffacé. Ils entrent,
cauchemars: foule d'étudiants
qui vont me peindre leurs cartes natales
que je connais par coeur.
Confit de l'Empire du mal
me fait mal encore.

## No News

No news, but I know there's nothing serious.
You love the beige prince, the one in pink loves you.
He wants to save his cellars, his upper storeys
give him trouble. I wash
my hands so they will be less lovable.
And neat: a blackboard erased. They come in,
Nightmares: a crowd of students
To paint their birth certificates for me
Which I already know by heart.
Candied Empire of evil
makes me ill.

*Moi* qui s'éloigne n'est pas *moi* qui s'approche.
Quatre citrons, deux kiwis, une poire – paysage
de la roche,
de  ma table qui se dresse au milieu d'une montagne
écroulée.
Moi, accrochée à l'air savoureux de printemps
n'est pas moi qui hurle à la Lune épilée,
et c'est encore une autre qui l'entend.

I who go away am not I who draw near.
A land of scree — four lemons, two kiwis, one pear —
of my table in the midst of a mountain in ruin.
I who am hung up on springtime's spicy air
am not I who howl at the hairless moon,
and am someone entirely different who hear.

## LA CIRCULATION

Vous croisez, vous tournez, vous tombez:
embouteillage dans la circulation du sang,
grève cardio-vasculaire, si
vous croisez, vous tournez, vous tombez vraiment
amoureux: ce n'est pas le goulag, mais ce n'est pas moins fort:
concentration
du coeur pressé, de l'enceinte serrée
dans les bras comme entre
trois routes. La troisième – c'est la raison
qui mène au contre-sens
                              de CV (cardio-vassculaire)
          à la contre-sensibilité

au cancer, à la grève des globules blancs,
ce qu'on appelle la frustration:
quand on est décontracté en permanence:
on n'a pas de contrat
et on le signe tout de même.
Ainsi les globules blancs se reproduisent,
et les rouges ne savent que périr par accident:
vous croisez, vous tournez, vous tombez
sous une bagnole choisie,
vous faites l'amour éternel:
le corps pressé, la réspiration serrée,
et soit l'amour est écrasé,
soit il anéantit le temps,
de toute façon
vous vous levez, vous vous retournez, vous vous croisez.

# Circulatory Traffic

You cross, you turn, you fall:
bottleneck in the circulation of the blood,
a cardiovascular strike, if
you cross, you turn, you fall truly
in love: not the gulag, but no less strong:
concentration
of a heart seized, of a mother-to-be squeezed
in an embrace as among
three roads. The third is a reason
leading to a misconstrual
                of CV (cardiovascular)
        to a misconstruction of feeling
to cancer, to that strike by white corpuscles
called frustration:
when one is laid off permanently:
without a contract
and one signs anyway.
And so white corpuscles reproduce,
and the red can do nothing but die off haphazard:
you cross, you turn, you fall
under a particular vehicle,
you make eternal love:
the body seized, respiration squeezed,
and either love is destroyed
or it annihilates time,
in any case
you rise, you turn around, you cross yourself.

# Notes

**Women's Theatre**
"the grey-eyed king" alludes to a poem of that title by Anna Akhmatova.

**Eros Poesis**
"*J'ai osé*," is a perfume once very popular in Moscow.

**Unchopinesque Etude**
"granges, parks, groves, graves" is drawn from a poem ("Во всем мне хочется дойти") by Boris Pasternak, "Just this way, there was a time when Chopin inserted into his etudes the living miracle of granges, parks, groves, graves."

**The Thousandth Anniversary of the Christianization of Rus'**
"Kuryokhin, Vinogradov, and Sorokin" respectively, a composer and jazz pianist, a musician and painter, and a prose-writer, all of them cultural figures of the avant-garde in the 1980s and friends of the poet.

*No Smoking!*
"How much in that sound / for a Russian heart" parodies two lines of Pushkin's (*Eugene Onegin*, Chapter 7, xxxvi, 13/14) where the original reference is to Moscow.

"what a drop of nicotine can do to a horse" refers to an anti-smoking slogan, "a single drop of nicotine can kill a horse."

**The Poet and the Tsar**
It is impossible for a Russian to read this title and not think of Pushkin.

# In the Grip of Strange Thoughts: Russian Poetry in a New Era

- ◆ 118 POEMS BY 32 CONTEMPORARY RUSSIAN POETS
- ◆ BILINGUAL (RUSSIAN & ENGLISH) ON FACING PAGES
- ◆ FOREWORD BY POET AND CRITIC MIKHAIL AIZENBERG
- ◆ INTRODUCTION AND AFTERWORD BY J. KATES
- ◆ BIOGRAPHICAL NOTES ON POETS AND TRANSLATORS

444 PAGES
0-939010-5-69  19.95 PAPER
0-939010-5-77  30.00 CLOTH

"...an enjoyable and admirable work. Its thirty-two poets show a tremendous thematic and stylistic range, but are united in their feeling for the vitality of language."
—*The Times Literary Supplement*

"This book is an absolute gift to students and to lovers of poetry" —*British East-West Journal*

## ZEPHYR PRESS
617.713.2813 PHONE & FAX
EDITOR@ZEPHYRPRESS.ORG
WWW.ZEPHYRPRESS.ORG

*Other titles from the series*

# IN THE GRIP OF STRANGE THOUGHTS

## SALUTE TO SINGING
Gennady Aygi
*Translated by Peter France*

These variations on folkloric themes are born out of the Chuvash and
Turkic motifs that Aygi grew up with, and which Aygi and France have
collected in their work on Chuvash poetry. A Turkic language, Chuvash
is spoken by about a million and a half people in and around
Chuvashia—formerly an autonomous republic of the USSR—located
500 miles east of Moscow. Now in his 60s, Aygi continues to be celebrated
as the Chuvash national poet, and as a major poet of the Russian
language.

*"Peter France's scrupulous versions are faithful not simply to the often
ambiguous sense of the originals, but also to the typographical minutiae
… which spell out the exclamations, questionings, pauses, vulnerabilities
and praises of this most remarkable poet."*
        —TIMES LITERARY SUPPLEMENT

Poetry / 96 pages
Paper (0-939010-69-0) $12.95

## A KINDRED ORPHANHOOD

Sergei Gandlevsky
*Translated by Phil Metres*

An integral member of the Seventies Generation, Gandlevsky was one of the underground Russian poets who wrote only for themselves and their circle of friends during the Brezhnev era. Despite their relative cultural obscurity—or perhaps, precisely because of their situation as internal émigrés—the Seventies Generation forged new directions in Russian poetry, unfettered by the pressures that burdened Russian writers both prior to, and during the Soviet period.

Fall 2003 / Poetry / 136 pages
Paper (0-939010-75-5) $12.95


## A MILLION PREMONITIONS

Viktor Sosnora
*Translated by Mark Halperin and Dinara Georgeoliani*

Viktor Sosnora has been one of the most consistently experimental of Russian poets since he began writing in the 1960s. Reaching back as far as medieval Rus' and as far forward as metrical and linguistic innovation permit, he has written with a voice unique and wide-ranging. Historical allusion, conscious anachronism, humor and intensity of word-play dominate by turns Sosnora's continually protean poetry.

Spring 2004 / Poetry / 144 pages
Paper (0-939010-76-3) $12.95